"十三五"国家重点出版物出版规划项目

知识产权经典译丛(第4辑)

国家知识产权局专利复审委员会 ◎ 组织编译

国家出版基金项目

收获无形资产

——挖掘企业知识产权中的隐藏价值

[美] 安德鲁·J. 谢尔曼 ◎ 著

何越峰 ◎ 主译

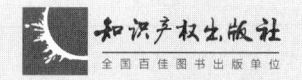

知识产权出版社
全国百佳图书出版单位

图书在版编目（CIP）数据

收获无形资产：挖掘企业知识产权中的隐藏价值/（美）安德鲁·J. 谢尔曼（Andrew J. Sherman）著；何越峰译. —北京：知识产权出版社，2017.10
书名原文：Harvesting Intangible Assets：Uncover Hidden Revenue in Your Company's Intellectual Property
ISBN 978-7-5130-5113-2

Ⅰ.①收… Ⅱ.①安…②何… Ⅲ.①企业—知识产权—研究 Ⅳ.①D913.04

中国版本图书馆 CIP 数据核字（2017）第 218172 号

内容提要

本书以农作物的培育过程为论述背景，将农民成熟的作物培育经验，通过类比思维映射到企业无形资产——知识产权的管理上，形象而系统地讲述了知识产权管理的方方面面，具体内容包括知识产权的创设、法律战略、宏观战略选择等。将企业现行成熟的无形资产管理方法的原理明了、清晰地展示在读者眼前，并探究了潜在、有效的管理方案。本书思路开阔，论述机智，文字幽默，启发性强。适合大型企业的管理层及快速成长企业的领头人阅读，也适合知识产权领域相关从业人士参考。

Harvesting Intangible Assets：Uncover Hidden Revenue in Your Company's Intellectual Property. Copyright © 2011 Andrew J. Sherman. Published by AMACOM, division of the American Management Association, International, New York. All rights reserved.

责任编辑：李 琳 胡文彬　　责任校对：王 岩
执行编辑：王瑞璞　　　　　　责任出版：刘译文
装帧设计：张 冀

知识产权经典译丛
国家知识产权局专利复审委员会组织编译

收获无形资产——挖掘企业知识产权中的隐藏价值

Harvesting Intangible Assets：Uncover Hidden Revenue in Your Company's Intellectual Property

［美］安德鲁·J. 谢尔曼　著
何越峰　主译

出版发行：知识产权出版社有限责任公司	网　　址：http://www.ipph.cn
社　　址：北京市海淀区气象路50号院	邮　　编：100081
责编电话：010-82000860 转 8031	责编邮箱：huwenbin@cnipr.com
发行电话：010-82000860 转 8101/8102	发行传真：010-82000893/82005070/82000270
印　　刷：三河市国英印务有限公司	经　　销：各大网上书店、新华书店及相关专业书店
开　　本：720mm×1000mm 1/16	印　　张：11
版　　次：2017年10月第1版	印　　次：2017年10月第1次印刷
字　　数：210千字	定　　价：58.00元
ISBN 978-7-5130-5113-2	
京权图字：01-2017-6796	

出版权专有　侵权必究
如有印装质量问题，本社负责调换。

序

当今世界,经济全球化不断深入,知识经济方兴未艾,创新已然成为引领经济发展和推动社会进步的重要力量,发挥着越来越关键的作用。知识产权作为激励创新的基本保障,发展的重要资源和竞争力的核心要素,受到各方越来越多的重视。

现代知识产权制度发端于西方,迄今已有几百年的历史。在这几百年的发展历程中,西方不仅构筑了坚实的理论基础,也积累了丰富的实践经验。与国外相比,知识产权制度在我国则起步较晚,直到改革开放以后才得以正式建立。尽管过去三十多年,我国知识产权事业取得了举世公认的巨大成就,已成为一个名副其实的知识产权大国。但必须清醒地看到,无论是在知识产权理论构建上,还是在实践探索上,我们与发达国家相比都存在不小的差距,需要我们为之继续付出不懈的努力和探索。

长期以来,党中央、国务院高度重视知识产权工作,特别是十八大以来,更是将知识产权工作提到了前所未有的高度,作出了一系列重大部署,确立了全新的发展目标。强调要让知识产权制度成为激励创新的基本保障,要深入实施知识产权战略,加强知识产权运用和保护,加快建设知识产权强国。结合近年来的实践和探索,我们也凝练提出了"中国特色、世界水平"的知识产权强国建设目标定位,明确了"点线面结合、局省市联动、国内外统筹"的知识产权强国建设总体思路,奋力开启了知识产权强国建设的新征程。当然,我们也深刻地认识到,建设知识产权强国对我们而言不是一件简单的事情,它既是一个理论创新,也是一个实践创新,需要秉持开放态度,积极借鉴国外成功经验和做法,实现自身更好更快的发展。

自2011年起,国家知识产权局专利复审委员会携手知识产权出版社,每年有计划地从国外遴选一批知识产权经典著作,组织翻译出版了《知识产权经典译丛》。这些译著中既有涉及知识产权工作者所关注和研究的法律和理论问题,也有各个国家知识产权方面的实践经验总结,包括知识产权案件的经典判例等,具有很高的参考价值。这项工作的开展,为我们学习借鉴各国知识产权的经验做法,了解知识产权的发展历程,提供了有力支撑,受到了业界的广泛好评。如今,我们进入了建设知识产权强国新的发展阶段,这一工作的现实意义更加凸显。衷心希望专利复审委员会和知识产权出版社强强合作，各展所长，继续把这项工作做下去，并争取做得越来越好，使知识产权经典著作的翻译更加全面、更加深入、更加系统，也更有针对性、时效性和可借鉴性，促进我国的知识产权理论研究与实践探索，为知识产权强国建设作出新的更大的贡献。

当然，在翻译介绍国外知识产权经典著作的同时，也希望能够将我们国家在知识产权领域的理论研究成果和实践探索经验及时翻译推介出去，促进双向交流，努力为世界知识产权制度的发展与进步作出我们的贡献，让世界知识产权领域有越来越多的中国声音，这也是我们建设知识产权强国一个题中应有之意。

2015 年 11 月

《知识产权经典译丛》
编审委员会

主　任　申长雨

副主任　张茂于

编　审　葛　树　诸敏刚

编　委　（按姓氏笔画为序）

马　昊　王润贵　石　竞　卢海鹰

朱仁秀　任晓兰　刘　铭　汤腊冬

李　琳　李　越　杨克非　高胜华

温丽萍　樊晓东

作译者简介

安德鲁·J. 谢尔曼（Andrew J. Sherman）是众达律师事务所（Jones Day）华盛顿办事处的一名合伙人，也是马里兰大学（University of Maryland）和乔治城大学（Georgetown University）法学院 MBA 和 EMBA 项目的一名广受好评的兼职教授。媒体经常请他分享其专业知识，在《华尔街时报》（The Wall Street Journal）、《今日美国》（USA Today）、《纽约时报》（The New York Times）、《商业周刊》（Business Week）、《财富》（Fortune）、《投资者日报》（Investor's Business Daily）、《福布斯》（Forbes）、《企业家》（Entrepreneur）、《美国新闻与世界报道》（U. S. News & Word Report）、以及其他颇有声望的出版物上，他都开过专栏。他利用智慧资产的方法是《Inc.》杂志的一期封面报道。其著述还有《企业兼并与收购详述》（Mergers and Acquisitions from A to Z）、《资金募集》（Raising Capital）和《特许经营和许可》（Franchising & Licensing）。

何越峰，中国科技大学理学学士、理学硕士，中国政法大学法学硕士，北京大学法学博士，美国华盛顿大学博士后、高级访问学者。历任国家知识产权局专利局物理审查部一处副处长、条法司条法二处处长、专利管理司副司长、保护协调司副司长、专利局初审及流程管理部副部长，现任国家知识产权局条法司副司长；国家一级审查员。兼任北京大学、清华大学、中国政法大学、同济大学、吉林大学等高校法学院兼职教授、研究生导师，世界知识产权组织国际局特邀教官，国家知识产权战略专家库首批专家、国家知识产权领军人才，国家工商行政管理总局中国市场监督管理学会常务理事。

原著前言[*]

> 如果收成还没有播种多的话，耕种就毫无意义可言。
>
> 拿破仑·希尔（Napoleon Hill）

20世纪30年代和40年代，我的爷爷Morris Sherman是纽约州北部的一个农民。到了50年代，由于健康原因，他无法再下地干活。但他对当地农业社区有深入了解，和农民也建立了深厚关系。于是他盘算了自己所拥有的这些智慧资产，转变经营模式，利用这些知识开始转而专注于家庭农业器具的经销。这个生意多年来都增长良好，后来农业器具卖了个好价钱。

我爷爷的"道"其实很简单——了解自己的有形和无形资产，并充分利用好这些资产。对他来说，这是他对自己、家庭和社区的一种责任。然而，现如今，整个美国以及全世界的公司，不管规模大小，也不管是何种行业，在培养、管理和收获重要的无形资产上，都在坐失良机。这种玩忽职守损害了股东价值，也伤害了公司对于股东、员工、客户以及整个社会的信托责任。

为什么众多公司需要如此长的时间才能找到一个合适的体系来利用好无形资产，才能意识到在战略层面之下蕴藏如此之多的机会？为什么几乎没有公司拥有一个高效的智慧资产管理（IAM）体系，来管理企业内部的创新孵化、有效分配研发预算、授权非常规小项目、管理公司内的风险投资，以及建立客户为导向的创新体系？如果我们不投入时间和资源，不重视对创新的发现和培育，又怎么能在全球市场保持竞争力？每年都有数以十亿美元计的研发资金得不到充分利用，大学和政府实验室着力研发，大大小小的企业有生产和服务的经验与资源，但两者之间却依然存在巨大的鸿沟，无法有效对接，这种情况还要持续多久？什么时候我们才能不再讨论问题而是着手解决问题？我们怎样才能在资本、创新、商业和市场建设知识这些资源之间建立起更好的沟通渠道和品牌？

在公司层面，我们如何对领导和经理们进行培训，以更高效地利用他们的无形资产、发现新的商机、制定战略，使股东价值最大化？当管理层、公司战略重点或者市场发生改变时，我们如何避免关键的研发资产的流失？如果公司

---

[*] 本书将原著前言与鸣谢进行合并，特此说明。——编者注

收获无形资产

高层和董事会成员盲目于短期的紧急事务,公司战略也只是局限于季度报表,而对眼前的机会视而不见,我们怎样才能鼓励他们来发现这些机会?我们该如何在公司内外的各个层面都更好地培育创新和创造力,并对之进行奖励?

《收获无形资产》把我们带回到农耕之源,只是如今的作物是智慧资本。那些古老的东西又重新鲜活有效起来。现在的首席执行官也必须建立起一个能够专注于培养智慧资产的组织,从而来发现隐藏的收益机会,在非传统的渠道上开拓出有利可图的市场。把公司当作一个无形资产农场来管理,就意味需要重新制定战略规划、更新公司目标和价值观、重新规划公司的组织架构,还要对预算和资源的分配进行改进。总而言之,领导层必须对公司进行改组,将之转变为像 IBM、3M、谷歌和苹果那样的公司,这些公司带着紧迫感和使命感通过取得知识产权对商业模式和战略重点进行重组,来驱动股东价值的增长。

在我们创建公司、管理组织甚至日常生活之时,都需要再次回到我们的农耕之源。我们能向农民们学习他们的纪律、工作伦理、经营管理、决心、无私以及勇气,这些经验、洞察力和价值观能让我们更强大、更具竞争力,从整体上说成为一个更好的创新者。规划、播种、照料、施肥、收获、销售,这样一个循环往复的过程就是指导各行各业大大小小公司创新过程的方案,对我们管理个人事务来说也是一样。

农民从小就开始学习如何播种才能有收获,学习如何在料理农作物之时执行纪律,学习如何克服困难,学习如何和合作伙伴建立起长期有效、互惠互利的关系,他们从小就要养成耐心,知道所有的好收成都需要历经艰辛、辛勤工作。农民知道如何评估一块地是肥沃还是贫瘠,他们也从不会在沙漠上种植玉米。他们明白如果不能收获并顺利出售,那么满地的作物也毫无价值。在他们眼里,没有"一夜成名",也没有"昙花一现",只有长期的努力,需要规划、流汗、审慎和耐心。农民的生活不会以季度为着眼点,也不会使股东们丧失有效创新真正所需的长远眼光,而是会以收获为着眼点,以季度为着眼点,以数十载为着眼点来保持土地肥沃,从而提高长期的生产力。

当股市在 2008 年触底的时候,数以千计的公司股价都自由落体般下跌,而 IBM、谷歌和苹果的股价依然保持在三位数。没有人为此感到惊讶,因为这些公司一直以来都致力于发展智慧资本,得到了市场的认可和奖赏。而这些公司所遵循的最佳方法其实是绝大多数公众所熟知的知识。超级碗的获胜队伍的战术图集的大部分都是公开的,但是少有人会去花时间和精力来阅读和理解这些战术图,更不用说围绕执行这些战术来打造我们的队伍,真是太遗憾了。但幸好还不算太晚。拿起耙子和铲子,开始对自己的隐藏的资产的战略性耕耘吧,这永远不算太晚。在 2008 年和 2009 年的短短几个月之间,戴尔(Dell)

收购了佩罗（Perot），施乐（Xerox）收购了诺斯洛普·格鲁门公司（Northrop Grumman）的空战机构（Air Combat Systems，ACS），而惠普（Hewlett-Packard）收购了电子数据系统公司（EDS），对此我完全没有感到惊讶，因为在大约15年之前，IBM就已经转型，将经营模式从产品制造转为战略咨询。

在大衰退面前，许多公司都将创新视作是驱动复苏的战略拼图上的重要一块。新的产品和服务被视为让消费者从他们破旧的空空如洗的钱包中掏钱的唯一方法。在品牌和市场营销中强调创新这一因素，也可以让公司从市场芸芸众多的公司中脱颖而出。但是，无论是从对内还是对外的视角来看，创新都必须真实、有战略性、管理良好，并且普遍开展；创新应该得到合适的奖励，这样才能高效；创新应该成为公司长期商业模式的一部分。如果将创新看得太肤浅，或将其作为一时之计，或是把它当成是一个临时的朋友，都是不可持续的，公司也很快会被员工和客户抛弃。与之相同的是，如果不对创新加大投入，认为其不能给目标市场增加战略价值或有形价值，那么创新会被当作是一种虚伪的包装手段，而不是发自内心的追求。那么随之而来的，必然是品牌的削弱和利润的流失。

智慧资本的经营也并不局限于以科技为中心的企业。沃尔玛的山姆·沃尔顿（Sam Walton）改变了世人购物的方式，嘉信理财的查尔斯·施瓦布（Charles Schwab）开创了消费金融服务的新方法，捷飞络（Jiffy Lube）的吉姆·海德曼（Jim Hindman）改变了汽车维修和保养的形象，麦当劳的雷·克罗克（Ray Kroc）改变了餐饮服务的模式，他们都有许多的后来者和追随者。对许多公司来说，珍贵的智慧资产就像是那些掉在沙发坐垫下的硬币，那些有价值的东西就在你的屁股后面，但是你要找到它们，就得起身，然后花些功夫。说不定你需要从一堆爆米花和线头中翻找这些硬币。但是，太多公司已经变成了战略上的"沙发懒虫"，看起来他们对于躺在那里看电视十分满足，而没注意到世界已经将他们甩开很远了。2009年12月出版的一期《新闻周刊》（Newsweek）的封面故事就是《美国失去了魔力了吗？》（Is America Losing Its Major?），该文章评论说，创新和创造力对美国来说曾经就像是苹果派和棒球，现在却在慢慢衰落，在与中国和印度这样的发展中国家的对比中，落了下风。而美国的年轻人，则在诸如科学、数学和工程这些关键领域的世界排名上落得更远。问题还不仅仅存在于美国。2010年8月，伦敦的科林·科尔逊·托马斯（Colin Coulson-Thomas）教授出版的报告《管理智慧资产，增加股东价值》（Managing Intell ectual Capital to Grow Sharehdder Value）显示，在他调查的60家欧洲企业中，能够有效利用智慧资产的企业数量用一只手就能数得过来。报告认为，董事会成员必须对公司内部的智慧资产管理政策作严肃的审视，并提出积极的规划来从智慧资产中收获更多价值。奖励措施必须落实到位，来营造出鼓励创新的文化氛围。

据《2010年全球创新1000强》（2010 Global Innovation 1000）——这是全球管理咨询公司博斯公司（Booz & Company）所做的公司创新支出研究的第六份年度报告，2009年全球在创新上投入最多的1000家公司的研发支出总额为5030亿美元，同比减少了3.5%，这是13年以来的第一次下滑。而在2008年，虽然面临经济衰退，研发支出依然继续增长，表现强劲。

我希望我的这本书能够成为一本路线图、操作手册、战略纲要，就像是灯塔上的信号灯，来为向智慧资产管理的转变、为回归我们的农耕本源领航。在多年的工作中，我为全球的龙头企业以及数以百计的小型和新兴企业提供智慧资产运用领域的法律和战略咨询，可以说我什么都经历过。我见过有些公司很好地利用了机会而开创了新的市场和利润来源，也见过有些公司把宝贵的资产闲置落灰而最终失去价值。在本书中，我将分享我工作中的感悟，分享所获得的战略和最好的实践经验，以及学到的教训。

我们不能很好地从智慧资产中获益，情况已经很危险了，数以万亿美元的股东价值因此被浪费。据美国专利商标局估算，仅仅美国的知识产权价值就超过5万亿美元，这几乎是每年联邦预算的两倍，但是却只有极少数的公司能够为股东的利益着想而正确地从中获益。在将这些机会商业化的过程中，大多数公司都有意或无意的失败了，留下的只有一地腐烂的庄稼。而有些则采取了"焦土"策略，其目的仅仅是对抗直接或间接的竞争对手，或是与之诉讼。从短期来看，他们会获得不错的资本增值，但是从长远来看，这会永久性地切断可能存在的联盟，让土壤多年以后也无法再次耕作，最终事与愿违。除非，也只有致力于种下智慧资本的种子并细心呵护，我们才能在全球市场重获竞争力。

《收获无形资产》这本书是为各行各业各种规模的公司所写，不仅仅适合"财富1000强"这样的大公司的管理层，也适合那些增长快速的创业公司的领头人。对公司的智慧资产来说，我们都是种植者、都是看护人，我们对公司的利益相关方都肩负一份信托责任，我们必须管理好这些资产，并从中受益，这意味我们必须拥有眼光和勇气对公司战略重点和商业模式作彻底审视。那么，抓起草叉吧，穿上工作服吧，和我一起来一场智慧资本的种植之旅。

谨以本书献给尤蒂卡的农民，我深深思念的莫里斯·谢尔曼（Morris Sherman），以及所有追随他脚步的人。

本书中所讨论的战略、理念、问题以及最佳实践都来自本人30多年的工作经验，这些年来我作为战略和法律顾问，从法律和商业两个方面为如何从智慧资产中收益提供咨询服务。对于所有曾经和我一起工作过的人，我无法一一表示谢意。对于忠实的国内外客户的支持以及众达律师事务所尊敬的同事的帮助，我要表示由衷的感激，特别是史蒂夫·布罗恩（Steve Brogan）、玛丽·埃朗·鲍尔斯（Mary Ellen Powers）、安德鲁·克拉默（Andrew Kramer）、约翰·梅祖拉（John Majoras）、格雷格·舒马克（Greg Shumaker）、迈克尔·舒马克（Michael Shumaker）、艾琳·坦嫩（Ilene Tannen）、保罗·沙雷尔（Paul Sharer），以及诺埃尔·弗朗西斯科（Noel Francisco）。

在这里我还想特别感谢一些人，他们为这本书贡献了时间、付出了艰辛的工作、提供了帮助和研究。我要感谢马里兰大学史密斯商学院的奥利弗·施雷克（Oliver Schlake）教授，他为本书提供了编辑支持，并对我有很大鼓励，对第六章和第七章也有很大贡献。我还要感谢乔治城大学法律中心的学生 Marina Veljanovska 和迈克尔·沃尔什（Michael Wolsh），他们为本书提供了研究支持和帮助。还有众达律师事务所遍布全球的一众卓越的律师们，他们专注于智慧资本的收益和管理，我为是这个团体的一员而自豪。我还要把一份特别的感谢给予我的助手乔·林奇（Jo Lynch），她就是我的左膀右臂，有着出众的组织才能和耐心。

AMACOM 出版社的 Robert Nirkind 为本书的完成在精神上和后勤上鼎力相助。他是一个出色的协调者、编辑，提出了很多宝贵的意见。我还要感谢 AMACOM 出版社的迈克·西维利（Mike Sivilli）和 Jerilyn Famighetti，他们担任了本书的文字编辑工作。

最后，但绝不是最不重要的，我的感谢要送给我的妻子朱蒂（Judy）、我的儿子马修（Matthew）和女儿珍妮弗（Jennifer）。他们一再牺牲和我在一起的时间，以便我完成本书书稿。家庭对我的支持已经尽其所能。

安德鲁·J. 谢尔曼
华盛顿特区
2011 年 3 月

译者序

人类社会正在向知识经济社会全面转型，许多在过去数百上千年积累获得的生存经验已经有意或无意地被抛弃了，然而，人类毕竟是发祥于农业社会，在农业实践中人类活动所遵循的基本规律对于知识经济时代人类活动仍然是必须遵循的"天道"。说起农耕，你会想到什么？可能会想起土地、播种，想起灌溉、施肥，想起收获、售卖。你会想起商业管理吗？更具体一点，你会想到知识产权的商业管理吗？作为纽约州一名农民的后代，安德鲁·J. 谢尔曼想到的比这些要更多一点。这本《收获无形资产》，就是他从农耕实践讲起的一本无形资产管理之书。

谢尔曼是众达律师事务所的合伙人，马里兰大学和乔治城大学法学院 MBA 和 EMBA 项目的兼职教授，在行业内摸爬滚打三十余年，是美国知名的新创或成熟公司法律和战略方面的权威。这本书充分体现了作者的丰富经验，原本显得枯燥的管理学知识被作者用人人都明白的事情形象化。与无形资产相关的从创新到收益的整个过程被作者巧妙地与农耕的各个阶段匹配起来。培育创新文化是播种，内部创业是灌溉土地，管理智慧资产是照料作物，建立法律战略则是扎好篱笆，战略选择是选择售卖的作物，而利用智慧资产收益则是收获。乍一看，觉得这种类比太草率，细细翻译完毕，方为作者的智慧拍案叫绝。

如同作者在书中对农业的描述，全书的风格也如同农业一样，娓娓道来而不浮夸，非常接地气。并没有因为高深而过于晦涩，也没有因为易懂而流于滥俗。语言如农耕般的平实简洁，而丰富的案例对作者来说则是信手拈来。宝洁、柯达、星巴克、IBM、麦当劳以及陶氏化学，跨国公司的案例分析出现在全书的各个章节，而这些都是作者所亲身经历过的商业实践，讲述起来也是说服力十足。

与其说这是一本与知识产权管理相关的书籍，不如说它是一本偏重于无形资产的全面商业管理指南更为恰当。其中所含的内容已经超出了无形资产管理的范畴，涉及公司文化、人力资源、团队建设和战略管理等多个对公司至关重要的方面。在本书中，不仅有战略上的框架建议，而且更有深入细节的操作手册，正如作者自己所言，不管是对大型公司还是初创公司，本书都有着鲜明的指导意义。事实上，本书蕴含了一个基本理念，企业知识产权管理不是孤立或独立的，它必然根植于或者依赖于企业的整体管理基础之上。

作者写作此书之时，正是美国从 2008 年金融危机的泥沼中缓慢复苏之际，原著既有对金融危机中美国公司表现的思考，也有些许对美国可能被别国赶超的担忧。作者认为，企业在面临困境之时，要分析挖掘自己的无形资产，更加集中力量于创造创新。本书中讲述了发生在美国的一些经典案例，在 2008 年和 2009 年的短短几个月之间，戴尔收购了佩罗，施乐收购了 ACS，而惠普收购了电子数据系统公司；而更加厉害的是，在更早之前，IBM 就已经转型，将经营模式从产品制造转为战略咨询，大衰退面前，公司能够"将创新视作是驱动复苏的战略拼图上的重要一块"。面对危机，这些成功公司的选择值得我们的企业借鉴。

这是一个日新月异的高速发展的社会，"唯一确定的事情就是改变，在经济多变，节奏飞快，技术为王的世界里，未知反而成了我们所知事情中唯一可以确定的真实"。本书中所提到的正面案例，比如黑莓，也已在创新的大潮中落伍。"没有人能够免疫变革"。而在我们身边，就在本序写作的同时，线上和线下的媒体上，正在对某些曾经红极一时的公司增长停滞的问题进行分析。一些以"创新"名义起家的公司，在规模迅速扩大之后，开始遇到增长停滞的问题。在各种分析反思之中，认为这些公司"忽视技术上的创新，没有真正筑起自己围墙"的不在少数。

作者在对中国的分析中指出：中国在创新方面也面临着很大的自我挑战。作为全球最大的出口国，中国经济是以"Made in China"这样一种全球制造优势来驱动的，但在全球知名品牌的创立和拓展上仍然是一片空白。中国的亚洲邻国和地区已经创造许多赢得全球消费者赞许的品牌，比如日本的索尼、尼桑、丰田，韩国的三星、现代、起亚，中国台湾的宏基，新加坡的新加坡航空、虎牌啤酒和创意科技，但是除了青岛啤酒外，你还能指出一个起源于中国的全球知名品牌吗？一个国家的创新失败，使得它只能依赖于世界其他国家的创意、创造和设计而发展。创新的匮乏，意味着中国公司从支付使用许可费到收获使用许可费还要经历更长的时间。高通的模式自不必多言，而最近，麦当劳也在寻求出售中国分公司的大部分股权，转而从授权及许可费用中获益。跨国公司坚定地走在收获无形资产的路上。虽然在本书出版之后几年，中国在这方面有了不小的进步，华为等一批企业的出现使得这种状况有所改变，但是这一针见血的评论我们无法忽视。拉尔夫·瓦尔多·爱默生（Ralph Waldo Emerson）说："不要因为路到那里，就走到那里。去没有路的地方，走出一条路来。"对于中国政府和企业来说，创新从来没有像现在这样重要。

对西方公司而言，从农业社会发迹，随着资本积累而发展壮大，其中的商业基因一脉相承。因此，从某种意义上来说，本书作者从爷爷的经历中获取无形资产管理的启迪，有着逻辑上的合理性。而对在商业上特别是无形资产的管理上才起步不久的中国公司来说，又如何从自己的文化中生发出创新发展之道，这可能是本书能够带给我们在管理经验之外的又一启示吧。

本书并非十全十美，其观点也未必能够获得所有人的赞同，但是，正所谓"他山之石，可以攻玉"，我们衷心期望本书的翻译出版能够为中国企业提供有价值的帮助，特别是警醒中国企业不要被知识产权领域渐起的浮躁之风吹晕。春种秋收，是农作物的生命从无到有，从初生到成熟的完整过程。只种不收或者幻想不种而收最终都会让企业付出沉重代价。

目 录

第一章　智慧资本农业 ································ (1)
　　上市的时机 ···································· (3)
　　资产负债表：衡量公司内在价值的老方法 ············ (3)
　　番茄练习 ······································ (5)
　　新农业的挑战 ·································· (7)
　　对新农业的承诺 ································ (11)

第二章　播种：培育创新文化 ························ (14)
　　营造真正的创新文化 ···························· (17)
　　培育创新文化的领导和管理原则 ·················· (17)
　　营造创新文化的领导样板 ························ (19)
　　建立耕耘者团队 ································ (21)
　　在营造和保持创新文化上的最佳实践 ·············· (23)

第三章　灌溉土地：拥抱内部创业精神 ················ (28)
　　内部创业和领导层 ······························ (29)
　　分　　拆 ······································ (33)
　　为什么内部创业在这么多公司都被忽略或被误解？ ·· (37)

第四章　照料收获的果实：智慧资产管理（IAM） ······ (38)
　　什么是智慧资产管理？ ·························· (40)
　　建设一个有效的智慧资产管理体系 ················ (45)
　　进行知识产权（IP）审计 ······················· (47)
　　测评创新成果 ·································· (49)
　　测评创新的关键量化指标 ························ (51)

第五章　构筑保护地盘的围墙：建立法律战略 ·········· (53)
　　知识产权的法务管理 ···························· (56)

— 1 —

法务预算的分配 …………………………………………… (56)
　　　理解知识产权法 …………………………………………… (57)
　　　专　　利 …………………………………………………… (58)
　　　商标和服务标记 …………………………………………… (59)
　　　版　　权 …………………………………………………… (61)
　　　商业秘密 …………………………………………………… (62)
　　　商业外观 …………………………………………………… (63)
　　　这种商业模式可持续吗？ ………………………………… (64)

第六章　区分精华和糟粕：准备好投入市场的作物 …………… (65)
　　　最佳实践与常见失误 ……………………………………… (66)
　　　有效耕耘理论的"现实考验" …………………………… (68)
　　　发明人行为特征 …………………………………………… (70)
　　　引领者与先驱者 …………………………………………… (71)
　　　来自新产品研发能力极强公司的教益 …………………… (78)
　　　四步骤过滤法 ……………………………………………… (80)

第七章　把作物带到市场中：战略选择概述 …………………… (84)
　　　制定土地利用计划的四个关键步骤 ……………………… (85)
　　　ALP 发展中的最佳实践 …………………………………… (94)

**第八章　收获智慧资产的影响力：合作企业、客户、
　　　　　渠道合作伙伴、许可、合资与特许经营** ……………… (96)
　　　合作企业与联营企业 ……………………………………… (97)
　　　专利联盟 …………………………………………………… (99)
　　　开源与开放平台 …………………………………………… (100)
　　　众包模式与大众智慧 ……………………………………… (101)
　　　构建有效的多渠道伙伴关系 ……………………………… (104)
　　　合资与战略伙伴 …………………………………………… (108)
　　　驱动收益和利润的许可战略 ……………………………… (117)
　　　特许经营权 ………………………………………………… (120)

第九章　全球智慧资产前沿 ……………………………………… (122)
　　　全球化图景 ………………………………………………… (122)
　　　为金砖国家（BRICS）砌一面创新之墙 ………………… (123)
　　　智慧资本经营和全球经济发展 …………………………… (125)

国际化扩张的阶段 …………………………………………（126）
　　合规程序 ……………………………………………………（127）
　　各种海外运营形式的优点和缺点 …………………………（128）

第十章　创新的未来 ……………………………………………（131）
　　STEM 计划 …………………………………………………（131）
　　多样性和创新 ………………………………………………（133）
　　更快、更好、更便宜、更方便（FBCE）（择其二）……（134）
　　用户知道他们需要什么（就问他们）……………………（134）
　　80000 的力量 ………………………………………………（134）
　　超越我们的视野 ……………………………………………（135）
　　花得更合理，而不是更多 …………………………………（135）
　　营造公平竞技场 ……………………………………………（136）
　　奇点运动与人机融合 ………………………………………（137）
　　走向私有化? ………………………………………………（138）
　　纳税人支出的更大爆发 ……………………………………（138）
　　规模确实重要吗? …………………………………………（139）
　　如果你想获得绝妙主意，就去英才汇聚之处 ……………（139）
　　向我们的农民兄弟学习 ……………………………………（140）
　　云端畅想 ……………………………………………………（140）
　　2013 年的 Web 3.0 …………………………………………（141）

附录　许可资源、交易及中介机构名录 ………………………（143）

译后记 ……………………………………………………………（148）

原著书评 …………………………………………………………（149）

第一章
智慧资本农业

创新在过去的历史上从未让芸芸众生在如此短暂的时期里有如此之多的期许。

——比尔·盖茨（Bill Gates）

我们都是农民。

我们丈量土地，保卫财产。我们播种、施肥、耕作。我们和坏天气与环境抗争。我们战胜灾难。我们小心翼翼地除去藤蔓上的冰霜，为收获做好准备。我们抱最好的希望，作最坏的打算，市场自会为我们的努力给出公正定价。我们深信，收获和我们的努力与专业水平紧密相连。这一切周而复始。

无论你的职业是什么，你的公司做什么，你的生活环境如何，在我们的生活中，我们都会在某些方面遵从这个基本的根深蒂固的农业流程。我们都是新型的农民，但是我们自己意识到这一点了吗？我们从之前农业经济的成败中学到什么了吗？我们能将传统的也是最新最好的农业经验运用到我们的日常生活以及公司成长中去吗？我们怎样才能在人生规划、时间管理、资源分配、创新收益以及商业模式重塑中运用农业的方法，从而使得我们的生活更加愉悦富足，公司更加高效赚钱？

思考下列问题，将它们和你的生活和生意联系起来。

* 你是否仔细选择了一片肥沃的适合自己作物类型的土地？
* 你是否对你的生态环境动态足够了解？
* 你是否已经尽你所能，正确地施肥以使土地增产？
* 你会种什么？为什么？
* 一旦播种，就要投入时间和精力来照管这些种子，你是否已经做好了准备？
* 在你的农场里，你准备雇佣谁来帮助你照料、采收和销售？

* 为了收获更多的果实，你需要什么样的工具、资源和专业知识？

* 如欲成功，你必须克服怎样的恶劣天气和市场环境？

* 谁还在种植相同的作物？他们的经验和你的相比怎么样？

* 对于耕作的周期和时间表你是否有敏锐的直觉，而这将有助于收益最大化？

* 你的市场销售策略是什么？你是独自销售还是和他人联合销售？

* 你的销售渠道是什么，你的目标客户是谁？基于什么标准，客户会选择你的作物而不是他人的？是因为价格、质量、便利度还是实用性？

* 你会怎样分配今年的收成？你会基于期望以及最佳和最差目标范围作一个敏感性分析吗？

* 开始新的一轮种植，需要做哪些准备工作？

* 为了来年的收成更好，从上一年种植的成败之中，你学到了什么？

每年，全球各个国家的每个农民都要对上面的所有问题给出答案。每年，他们都是"押上所有"在农场上，他们所面临的挑战是风、阳光、干旱、洪涝，以及其他各种无法控制的因素，而最终他们要战胜这些，而将食物送上我们的饭桌。但是这些问题同样适用于我们每个人，不仅适用于公司的成长和发展，也适用于我们个人的成长和作为整体的社会的进化。和耕种一样，如果我们正确地照料土地，收获庄稼，我们就能创造价值。如果我们让农田耕作过度，负担过重，浇水过多，杀虫剂过量，那么收成就会很有限，甚至可能颗粒无收。

那些能够尽力把整个过程做得更好，并且善于从每年的成败中学习的农民，就能够创造财富，会有稳定的收入。他们努力工作，把握好自己能够把握的，而为自己无法把握的可能意外事件做好预先准备。他们把庄稼看作是自己的一部分，看到庄稼茁壮成长，他们打心底里高兴。他们享受整个过程。他们和土地在精神上是相通的。他们生活的核心和灵魂，是他们和土地的联系，是农具和庄稼的联系，是收成好坏和市场动态的联系。

在创建公司和培育创新上，我们也必须信奉相同的原则。我们必须创造一个良好的环境，来形成一种高效多产的公司文化，这样的公司文化能够持续不断地播下创新、勇气、好奇心、同情心、尊敬、挑战和满足感的种子。我们必须清楚，什么样的工具能够最为有效地强化这种文化的根本。我们应该采取措施管控好那些我们可以控制的条件，为那些我们无法掌控的做好多种预案。最为关键的是，我们必须在我们的人力资本上全力投入，支持团队的成长和发展，为每个层面的员工都提供教育和培训，让他们知道如何在公司内部和自我的生活中都像一个合格的农民那样。

上市的时机

在农民心里，有一个理想的明确的时间窗口来将收获上市。如果太早，作物还未成熟，也卖不出去；如果太晚，就会有烂的、坏的作物，造成浪费。对于不可替代的产品和服务，我们为什么不能采取与之相同的策略呢？如图 1-1 所示，对于每一个新的想法，都有一个机遇期，与收获的季节类似。耕作智慧资产就必须对这些周期往复敏感，能跟随市场环境和消费者需求模式转换，否则，股东价值就有受损的风险。

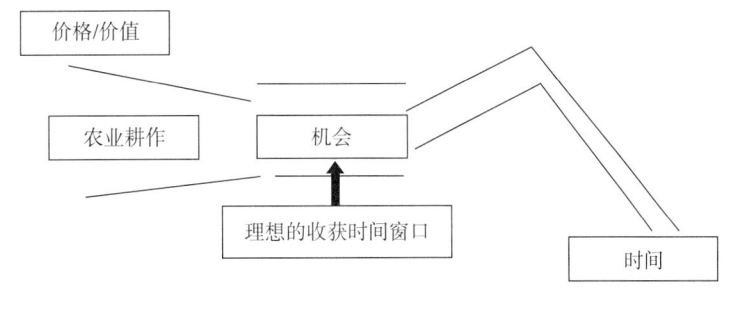

图 1-1 创新的机会窗口

同样的时间窗理论也适用于科技公司的新产品，或是一家服务业公司为客户服务的时间表的发布。发布太早，可能价值或价格就低，因为市场还没有做好准备。发布太晚，想法已经过时，或者会由于超期而辜负了客户的信任，最终毁了良好的关系。

资产负债表：衡量公司内在价值的老方法

以前，如果你需要快速了解一家公司的净资产，那么你可以通过公司的资产负债表来确定公司的资产，减去其所有负债，来得到资产净值。你也许能在其中看到一小行关于商誉的项目，来确认其品牌以及客户关系的价值。但是，在如今这个以信息为中心，以无形资产驱动的社会中，通过查看资产净值来确定一家公司的价值，基本等同于告诉一个农夫，他农田的价值就仅限于他现在地里可收获作物的预计批发价值。这样一种估值方法，忽视了很多东西的内在价值，包括他的专有技术、技术示范、销售渠道、与团队的关系、土地、未来的收益、体系、方法，以及领导才能。

复式记账会计系统有 500 年历史，但这个系统在确认无形资产的价值方面存在缺陷。最近，在会计和财务专业中有一个流行的争论，其核心正是关于这些缺陷的。这场讨论的中心是纽约大学斯特恩商学院的巴鲁·列弗（Baruch Lev）教授。对于现在的一般公认会计原则（GAAP）在确认知识和信息驱动的公司中的真正内在资产中存在的缺陷，他积极地写文章和讲演来发表看法。现在的会计最佳实践都没能考虑到现代企业与组织在价值创造功能上的巨大变化，这些功能绝大多数都是无形的。把"商誉"当成一个通用的大桶，把所有不能很好地计入分类账目的资产都装进其中，这种做法不再适用了。

列弗指出，问题很严重。他研究了标准普尔500指数中的公司的资产负债表，这些公司是美国最大的500家公司，其中有许多都不是高科技企业。这些公司的市值和账面价值比率，也就是这些公司的市场价值与公司的净资产值（资产负债表中显示的数值）的比率，超过6∶1。这意味资产负债表上的数字，也就是传统的会计算法估值，只能代表这些公司的真实内在和战略价值的10%~15%。即使股市是有泡沫的，即使你砍掉市值的一半，在每天交易的人给这些公司的估价和公司的会计价值之间依然存在巨大的差异。

还有一个例子，知名经济学家John Kendrick，对经济增长动力有深入研究。他指出，自20世纪初以来，无形资产对美国经济增长的贡献全面提高：1929年，无形资产和有形资产之比为30%∶70%，而到了1990年，这个比例变成了63%∶37%。随着我们向信息时代的深入，这个比例还在提高。

与经理们和投资者最为相关的信息是与公司价值链相关的。我说的价值链，是指关于创新的基本的经济流程，从新产品、新服务或新流程的发现开始，经过发展和实施阶段，确立技术上的可行性，最后以新产品或服务的商业化而达到高潮。列弗推荐在GAAP中加入一个"价值链模块"，就是一个以测量为基础的信息系统，可以用于内部决策，也可以用于向投资者披露，这样可以以一种结构化和标准化的方式说明创新过程。

列弗还建议现在的财务会计实践要围绕当下智慧资本驱动的社会特点来发展。董事会不把无形资产看成是真正的资产，也有损于资产负债表中提供的信息。更为严重的是会对收入的衡量产生负面影响。由于在无形资产上的即时投入所带来的前期成本，以及随后这些资产又不受成本限制地能够获得收入，因此在这种情况下收入和支出的匹配被扭曲了。比如说，当一个研发项目从一个想法，经过可行性测试［例如软件产品的第1版（alpha）和第2版（beta）测试］，到最终的成品，其在技术可行性和商业成功上的不确定性是慢慢下降的。因此，列弗提议，在会计上，把所有通过了特定的技术可行性测试的无形资产认定为可归属收益。经理们应该培养出能力，来评估在研发、员工培训、信息技术、品牌建设、在线活动以及其他无形资产上的投入的预期回报，并且和有形资产上的投资回报相比较，以努力使公司资源的分配达到最佳。而现在，大多数公司缺乏有效管理无形资产所必需的信息和监控工具。

番茄练习

如果不是销售＿＿＿＿＿＿＿（不论你在哪个行业），如果你的产品是番茄，那么你的商业模式、时间窗口和销售渠道会发生什么样的变化？你可能需要考虑如下几点。

＊从幼苗到小枝再到成熟收获，生产一个番茄需要多长时间？

＊一旦采摘，你把番茄送到市场需要花费多久？如何送到市场？

＊让番茄上市，什么时间会过早？什么时间会过晚？

＊作为新鲜蔬果，你的番茄是会在本地超市出售，还是在有机食品店出售？这对番茄上市的时间有何影响？

＊如果你要种植反季番茄，你该做些什么？

＊你是否会将番茄做成罐头、腌制品，或是做成番茄酱或沙拉？如果是，你的买家和销售渠道有何不同？你的定价模式有何变化？

现在，请把从番茄练习中学到的应用到你自己的公司的商业模式中去。应该作怎样的提高或者改变呢？在你现有的商业模式中，有没有哪个部分比你意识到的更易损耗、浪费或对时间敏感？有没有一个时间表，你一直都想当然或认为是理所当然的，但其实它和你现在或目标客户的需求或期待并不一致，有所偏差？有没有一种方法能够保护那些并没有完全成熟的创意想法，将之保留下来而不至于夭折（比如说智慧资产和创新的"温室"，在这里观点想法都处在一个安全的环境之下，直到它们可以出去经受一下"室外的天气"）？过去10年通信技术的发展会如何影响或是压缩这些时间表？

举个例子来说，在专业服务行业，客户体验是围绕个人数字助手（PDA）社区来转变的。大家都希望掌上电脑能响应更快、更简洁、更高效，全天候待命。那些在1998年可能是"糟蹋了番茄"的时间窗、容忍度，或是合理的期望，到了2011年，就不再一样了。让一个客户在几天内得到响应已经完全不可接受了，几天已经变成了最多几个小时，还会慢慢进化到几分钟。番茄必须在一个非常紧凑的时间窗口里面，完成播种、生长、收获，然后还有在一个完美成熟的状态下送到餐桌上。如果你做不到，你的客户就会去找一个能够满足他们时间表而且也不用牺牲质量的农民去做。现如今的新智慧资本农业必须找出方法，将真实农业中关于成熟、浪费以及个人生活的原则应用到智慧资产、知识、想法、创新、解决方案、联络关系、通道、人际关系创建以及建议和指导的规定中去。

我们的经济模式已经转变为以服务为驱动、以知识为基础以及以技术为辅助。这种转变并没有影响农业原则的价值，但改变了交付的本质，压缩了交付的时间表。特别是，如今客户有大量的货物可供挑选，因而他们在价格和条款上常常有发言权，在这样一种文化和社会上，上面说的改变尤为真实。年轻的一代已经习惯于快速地以合理的价格获得质量靠谱的东西，而且还要以和他们核心价值观一致的方式提供。这些原则已经帮助一些诸如墨西哥风味快餐（Chipotle）、百思买、捷飞络、Five Guys，以及在线租赁（Netflix）这样的公司以一种让竞争对手无法招架的速度成长起来。新一代的消费者也被认为有能力影响产品的设计、组装以及特性。看看《群体的智慧》（The Wisdom of Crowds）一书的作者詹姆斯·索罗维基（James Surowiecki）的文章，以及杰夫·豪（Jeff Howe）在《连线》（Wired）杂志2006年6月那一期的文章，同样叫《群体的智慧》，都是对上述现象的信息补充。要理解这一现象的关键点在于意识到，在现实中，消费者比最深入的市场研究都更有资格影响和作出决策。

汉堡王所说"拿好小黄瓜，拿好生菜，特别的要求难不倒我们"的时代已经过去了，我们已经进入了赛百味（Subway）或是Chipotle那样的，穿过柜台自己做一个三明治或玉米煎饼的社会。现如今的无形资产农业必须把沟通渠道做到位，特别是通过焦点小组、动态客户服务、客户关系管理实践以及社交网络工具等渠道，来让其目标客户对创新产生影响，在决策和成果方面发挥作用。如果不能适应新情况，或压根不在乎，那么其种出来的庄稼也肯定会被糟蹋。

同样是这一代人，他们看起来总是"必须拥有"最新潮和最好的科技产品，这压缩了渐进式创新和新产品开发的窗口，但也同时缩短了产品更新换代的周期，创造出了额外的消费以及带来了服务套餐、保修服务、培训和支持等的交叉销售机会。一个普通消费者坚持使用一部电脑、手机、PDA，甚至一辆无法提供最新功能的汽车而不更换的时间正在持续地缩短，哪怕经济不行也影响不了他们。这种现象带来了机遇也带来了挑战，智慧产业被迫要更快、更好、更便宜地培育、创新、发布新的产品和服务，如果能够做到这一点，那么就会获得更大的需求和赢得消费者更为频繁的购买周期。看起来，这些来自农业的经验最容易运用到消费电子或者手机业，实际上，也可以扩展到经济生活的其他重要方面，从健康护理到金融服务，从专业服务到家居维修，从保养到教育出版。不管我们做的是什么行业，我们都能够以农业为范例，来做到更好更高效。

新农业的挑战

要想成为一个智慧资本的农民，需要有愿景来改变传统，重新定义经营生意的方法。创新包括新方法、新商业模式、新渠道、新价值定位、新定价、新包装，以及新的市场营销和品牌战略。必须有意愿去挑战"老的办事方法"，并要有忽视老规范的雅量，因为目标的一部分就是做得更好，更令人满意，销路更好、更有效以及收益更高。品牌、质量、定位、包装、营养添加以及风味的不同都帮助引导了一代人的饮水习惯从喝自来水到购买水产品的转变。2010年，在瓶装水上的花费超过了800亿美元，其中包括了诸如蒸馏水、添加香料、咖啡因、矿物质、维他命、药草和甜味剂等各种不同特点的商品。

并非所有的创新都是突破性的，会给生活带来翻天覆地变化的。但是，对各种规模的公司来说，创新都常常能够带来新的产品线和服务、新的利润来源和盈利点。40年前，在马萨诸塞州做皮箱和购物车生意的企业家伯尼·沙度（Bernie Sadow）有了一个简单的想法，就是在行李箱底部加上轮子。1970年他为此申请了专利，于是改变了我们的旅行生活。唐恩都乐（Dunkin' Donuts）常年都把甜甜圈中间的生面团扔掉，直到有一天它意识到顾客会买这些生面团，于是一切都改变了。Zipcar对汽车租赁行业的模式作了一点小小的改变，开创了世界知名的汽车共享服务，正好满足了城市居民的需求。它其实并没有真正地"发明"任何新东西，只是发现了顾客如何和公司库存相互影响。与之类似，虽然很难相信，但是每12个美国人中就有1人拥有一件加袖宽松毛毯（Snuggie）。尽管Snuggie有15种不同的样式，但本质上只是将一个毛毯和一件浴袍组合在了一起，几乎没有什么创新，也完全是市场驱动的，但是作为一个电视营销的成功案例，它已经和手拍板（the Clapper）和掌上钓鱼人（the Pocket Fisherman）一样，进入了"看到就想买"的商品名人堂。

最近，我们已经见到了可能是终极的市场营销创新：核心产品几乎不需要创新。2010年秋季，汽车生产商发起了一项让面包车再次酷起来的活动。丰田的汽车广告 Swagger Wagon 就拍摄了一对住在郊区夫妇，用嘻哈风格的饶舌歌讲述了他们 mom-mobile 是多么酷，广告带来了20%的销量增长。在同年的12月，Hartford保险公司推出了一个电视广告，讲述了一个手工牛仔靴的鞋匠的女儿，向她父亲建议将同样的设计和材料运用到女式手包的制作上去。还讲述了一个酿酒厂的员工，将几瓶啤酒带回家，想用作面包团的酵母，结果烤出来的东西最后成为公司产品目录上的一块核心。同样，在2011年1月，百事公司做了一场推广，来将其最受欢迎的饮品"小吃化"，实际上就是扩展其核心品牌纯果乐（Tropicana）、Odwalla 以及 Yoplait，进入冰沙、能量饮品以及简易小吃上去。

不需要大规模的研发投入，也不需要昂贵的市场测试或是消费者推广，只是将想法转变为产品，这样的例子比比皆是。这才真正是沙发垫下的硬币——只需要几分钟的跳出常规，从那些和你商业模式（员工）最近的地方展开创造性的思考，你收获的可能就是一个高品质的产品，以及一个跃跃欲试的忠实客户。

这种商业模式或客户关系转变所面临的挑战如下。

* 让顾客为那些对他们来说实际上（或者说他们认为应该）可以无成本获取的东西付款。做生意怎么能够让客户为通常是赠送的东西付费呢？如何在公众知识的基础上，或是全体消费者所有的平台上开展一门生意？实际上，这些事情比你想象的要多得多？拿《国内税收法典》（the Internal Revenue Code）做例子，这是一本厚厚的详细的法条书籍，每个人都随时可以去购买、阅读和学习。这本书的核心知识都是众所周知的——法条的解释、指南、最佳实践等，但这些依然在 100 多年的时间里为会计、律师、咨询人员、培训公司以及出版业带来了收入（见图 1-2）。其原因就在于核心知识的易得并不意味不能围绕着核心知识来创造增值服务。

正如图 1-2 所示，即便核心知识对普罗大众是可以免费获取的，依然可以将智慧资本和专业知识分成几层，并将各层都转化成可行、可持续的营利商业模式。

* 让顾客为那些（迄今为止）免费提供的东西付款。我们都知道，如果一件东西长久以来都是免费的，那么变为收费是很困难的。这就像是你小孩大学毕业后还住在家里，你向他们收房租。但是，在经历最开始的挣扎和抱怨之后，他们会调整自己的想法来适应新的关系模式，不过，这些也需要你重新调整价值定位，来帮助他们理解你的用意。路易斯·郭士纳（Louis V. Gerstner Jr.）在 1993 年成为 IBM 的首席执行官之时也面临同样的问题。多年以来，IBM 的管理层、经理以及现场技术支持都是向客户免费提供自己的知识，以期望能够卖出硬件或提供支持。IBM 积累了大量关于电脑系统设计、工业应用、个性化流程、培训和技术支持的知识，通常都是作为销售和技术支持的一部分提供给客户的。路易斯·郭士纳很有远见地意识到这些服务的价值，知道这些智慧资本所带来的将会比硬件销售更有价值，利润会更高。他是对的。到 2009 年，IBM 的咨询收入已经超过了 950 亿美元，并且在许多行业都成为世界最大的咨询公司之一。像 IBM 所做的那样，转变你的商业模式，需要远见，也需要勇气、坚持、耐心和坚韧。但是，我们处在一个知识驱动和服务为本的全球经济之中，为了生存和成长，你只能这样去做。

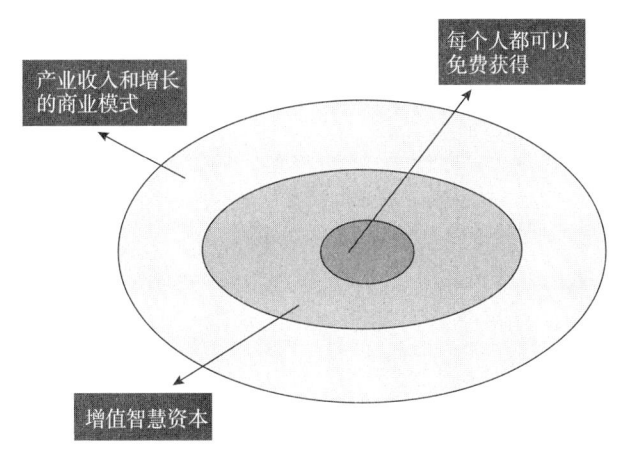

图 1－2　智慧资本所有权矩阵

注：内圈：公共知识；中圈（从上面中间顺时针依次）：解释、最佳实践、经验、案例研究、体系、流程、执行、规则、指南、应用、工具；外圈（从上面中间顺时针依次）：私人标签、维修、咨询、许可、联合投资、技术转让、特许经营模式、会议、网络研讨会、出版、认证、培训、支持、维护。

＊让顾客（再次）为合法或非法技术解禁的商品买单。互联网和 Web 2.0 以及社交网络的兴起在各个层面都影响巨大。许多行业都被迫开始重新思考他们的商业模式，并对之进行改革重造以便让那些由于市场或技术环境的变化而离开的付费客户重新回来。

以出版行业为例，那些愿意购买书籍、杂志和报纸的客户现在只需要在信用卡大小的设备上下单就能随时随地地获得同样的内容，出版行业不得不重新认识对客户的价值定义。让客户花钱订阅送到门口就已经过时的出版物是很难的。许多传统的努力都失败了。那些存活下来的产品影响和激励的董事会，从而改变了自己的商业模式。他们拥抱而不排斥技术，把技术当作朋友而非敌人。

＊让顾客为新的和改进过的东西付款，哪怕现有的产品还管用。如果现有的产品还没有完成其生命周期，你怎么才能让客户用一个新的改进过的版本来替代老的版本呢？这样，让我们再回到苹果来获得一些启示。最初的 iPod 是全白的，容量 5GB，非常棒，销售了数以百万计。后来，iPod 有了各种不同的颜色、大小和容量，以及其他各种不同的特点，在市场上各领风骚。每个人都想拥有一个最新款的 iPod，即使旧的还状况完好。如果我没有一个能播放视频的 iPod，或是不是酸橙绿款的，我就成了家人眼中的老古董。于是，家里 4

口人，却有9款不同的iPod，不同的颜色、大小，还有样子，当然还有各式各样的配件（像播放器、保护套、耳机）。接着，又有了iPhone，现在还有了畅销的iPad，谁知道后面还有什么惊喜呢？像是一瞬间，一家主要客户是绘图人员和书呆子的电脑公司就完成了品牌转换，成了全球领先的主导家庭和移动技术的提供者。你的公司能从中学到什么经验？你怎样做一个自己公司智慧资产的农夫，来转变现在定义公司品牌和客户价值定位的形状、大小、用途、观念、样式以及微妙的消息？

许多行业都面临相同的挑战，从消费电子公司到汽车厂商，从服装制造公司到家电厂商，从家具制造公司到办公用品厂商。旧电视还用的好好的时候，我为什么要去买新的呢？旧车还能每天上下班开，我为什么需要买新车呢？衣橱里的10套西装还很合身，我为什么还要再买一件？复印机或会议桌还功能完好，满足所需，为什么要换呢？消费者总是有意愿升级，来享受新功能新便利，喜欢跟上潮流，拥抱新科技，要去自己的舒适区外面看看，这些都使得时尚行业、电子行业和家具制造业得以存活。做一个智慧资产的农夫意味你要努力去走近你的客户，去真正地明白他们怎么消费以及消费的原因，来帮助他们去明白为什么他们应该换一种方式来更频繁地消费。

为了生存，我们每天要吃几顿饭，但是我们在吃什么、哪里吃、付给谁、体验啥上面有许多的选择，我们也知道我们爱吃什么不爱吃什么。如果目标客户每天可能会消费我们的产品好几次，那么关键的挑战就在于定位和差异化。如果目标客户要5年或者更久才会消费一次，那么关键的挑战就变成了找到一种重新定义消费模式的方法并让收入滚动起来。

制药行业就是一个很好的例子。由于药物研发和获得FDA批准的成本高得惊人，许多公司的新药研发费用都在缩减，只能依赖于那些专利即将到期的关键产品。仿制药企业（它们能在专利过期后生产这些药品）的增长迫使大型药企把品牌塑造作为一项驱动股东价值的关键战略（因此在过去7年，处方药和非处方药的电视广告都增长巨大）。那些知名品牌，诸如速达菲和善胃得，已经从一个垄断性的处方药市场转变为一个更依赖于品牌驱动的竞争性的市场，在这种市场环境下，消费者对药物的看法和药物的实际内容一样重要。

* 让顾客为原本已经存在或可获得的消费品的新包装以及新组合付款。我可以有信心地说，本书的大多数读者从没有听说过编辑版权。这种智慧资产的好处在于，其产权和价值归属于编辑者、编纂人、组织者、精炼者以及发行人。你不必真正地去创造每一部分，但是由于在将每个单体组合起来的过程中你付出了创造性和价值，因而会得到回报。

举例说明，在2005年，全球创造出了150艾字节的数据。到了2010年，这个数字达到了1200艾字节，在短短5年增加了近10倍。思科（Cisco）预计，到2013年，在整个因特网上流动的信息量会超过667艾字节，也就是说每年创造出的数据中有一半会被共享。每天，有接近16拍字节的新信息被制造出，而其中超过80%都是无序混乱、未经筛选的，也不可使用的。这时，就有提供增值服务的公司来帮助我们组织优化，对这些数据进行分析储存。数据洪流的巨大潜力才刚刚开始发掘。数据的报告、集合、优化以及解读都是受到编辑版权保护的权利和有价服务，退一步讲，也是受贸易秘密法律保护的。再说一次，你无须成为数据的作者或创造者，但是你必须要能够沙中捡金，还要把找到的金子带到市场上，让顾客愿意去购买并从中获益。商业情报、数据挖掘、知识管理和数据储存，这些行业现在都增长迅猛。

数据洪流已经创造了一大批行业，也为许多行业带来提升，但是依然还有很长的路要走。信用卡公司和保险公司要处理数以10亿计的交易和索赔，来发现其中的欺诈性索赔，找到未经授权使用信用卡和社会保险号的踪迹，以及其他形式的浪费和滥用。零售行业则利用数据挖掘来管理库存，来发现客户的需求喜好和消费习惯，从而进行定制化的销售和促销。安全机构则会对社交网络和博客进行数据分析，来发现活跃的社群和其中有恐怖主义或其他涉及国家安全行为倾向的异类。现在还出现了为网上店铺服务的推荐系统，这个系统对顾客的个人网络记录挖掘分析，在此基础上对访问者进行定向产品推荐，甚至还有公司专门雇人去撰写评论，来驱使人们去特定网站，以提升网络品牌知名度。

＊让顾客购买从来没有买过的东西。最近，麦肯锡的一项研究估计在今后20年，会新增9.75亿中产阶级家庭。这些家庭的消费力会增长3倍，从30亿美元到90亿美元。对这些消费者来说，当他们的消费模式从"按需购买"向"想要就买"转变的时候，整个关于可自由支配收入的观念将会是全新的。智慧资产农民需要开发运用创新性产品、服务、定价模式以及销售渠道来接触这些新的消费者，他们将会消费他们的先辈所从未用过的财富。对大多数行业来说，去理解他们如何选择一样产品，为什么不选择另外一件，从各个层面来说，都是对商业增长非常关键的问题。

对新农业的承诺

几个世纪以来，农民都在不断地改变自我，适应环境。天气变化，需求波动，价格涨落，农民面临着各种挑战，他们更新自己的体系，改种其他作物，他们运用自己的核心技能，利用好土地，使用杀虫剂和肥料来帮助管理风险，减少失败。公司也应该这样。过去的 20 年，数字媒体的影响和引入已经让许多行业对自己进行了重新定义，像电影、音乐、出版、酒店、航空以及手机制造业，它们都从内到外将自己再投资于消费者。其中，有些公司会适应并且存活下来，而有些则被落在后面。这些公司的领头羊和管理者可以只说，也可以行动起来，可以预测未来，也可以投资现在，可以忽视变化，也可以拥抱挑战，可以因这些挑战和残酷的现实而灰心，也可以因此而受到鼓舞奋发。那些能够跟随市场的变化来对自己的庄稼重新定义、重新创造、重新播种、重新收获的新一代农民最终会收到来自市场的回报（见图 1-3）。

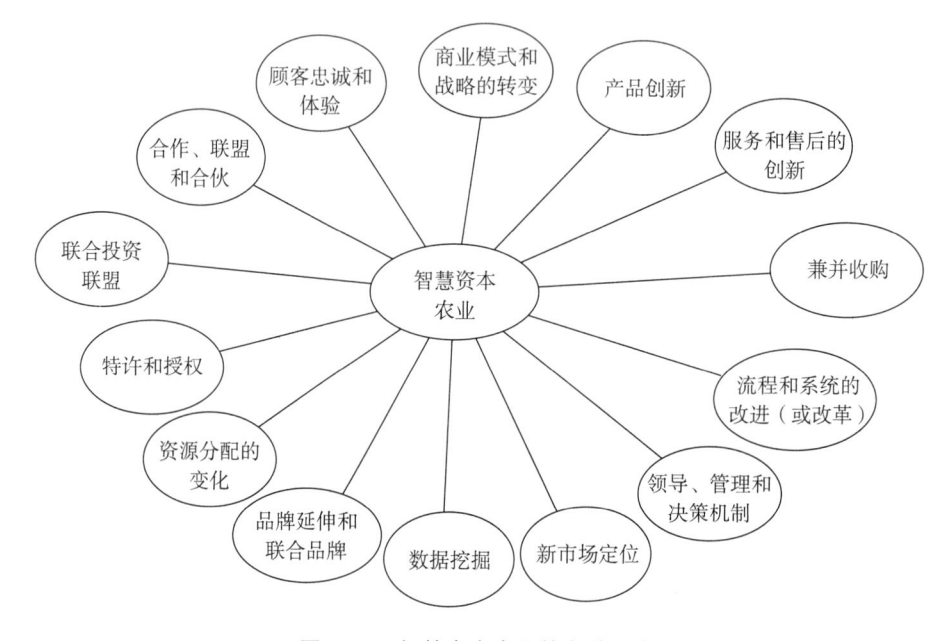

图 1-3　智慧资本农业的多种形式

商业模式的变化已经代替了传统的商业模式规划，我们已经来到了社会变化的十字路口。商业以光速在运行，那些还在蹬着自行车去找客户的人会被甩在后面。这些变化要求我们的步伐要变得更快，置之不理或是顽固不化的后果也变得更严重。成为一个由创新、创造和智慧资本农业驱动的公司已经不再是一个选择，而成为生存和成功的必需品。在技术和商业模式上守旧落伍的公司已经加入了史前同胞的行列，成为过去时，而不再属于现在与未来。

创新在每一个行业每一个回合都打败了自满，打败了停滞不前。2009 年，沃尔玛在全球的收入达到了近 4500 亿美元，而同年 Circuit City、Eddie Bauer、800 Mattress、Comp USA、Ritz Camera 和 Filene's Basement 却走上了破产之路。

苹果和黑莓存活下来了，而诺基亚（Nokia）和摩托罗拉（Motorola）则需要在一个看起来已经天翻地覆的市场上拼命来重新定义自己。到2009年6月，通过iTunes下载的歌曲超过了50亿首，而Tower Records则关闭了它最后一间门店。亚马逊（Amazon）一直在扩张自己的品类，覆盖更多的消费者，而Barnes & Noble和Border则需要在它们的大门店里有足够多的顾客才能存活。2010年的第二个季度是亚马逊的"临界点"，它宣布电子书的销售收入首次超过了纸质书。2009年9月Facebook的用户量达到了3亿，美国在线（AOL）也正好庆祝其30周年。AOL的订阅量顶峰也是在2003年达到3亿，但到2010年却下降到了不足500万。在Chipotle门口总是拍着长队等待一个新鲜的手工制作的玉米煎饼，而Fatburger、Sbarro's、Red Lobster、Applebee's和Outback的门店却一天天减少。没有人能免疫变革，能免疫创新。即便那些历史悠久、一直增长公司，像星巴克（Starbucks）、耐克（Nike）和迪斯尼（Disney），也不得不对它们极为忠诚和对盈利贡献很大的消费者群体来重申和重新调整自己的价值定位。实际上，2011年1月，星巴克更换了自己的徽标，突出了独具一格的美人鱼，同时也把"咖啡"从自己公司名称中去掉了，因为星巴克逐步扩张自己的产品线，出售更多的包装消费品。如果星巴克都能扩张到咖啡以外的产品，那么我们其他人应该从中获得什么样的信息呢？

第二章
播种：培育创新文化

> 想象力比知识更重要。创造力比经验更重要。
>
> ——阿尔伯特·爱因斯坦（Albert Einstein）

如果你去问问农民，不论种什么庄稼，如果土壤贫瘠，或是过度耕种，如果种子腐烂了，如果牲畜营养不良，如果团队不称职，如果工具不给力，还能不能丰收赚钱，你可能得到的回应就是一个专门为"城里人"准备的白眼。长久以来，农民们就知道要获得丰收需要些什么，哪些条件和变化会影响这个过程。资源、员工和时间都有限，在每一个农业周期的开始，农民们就让自己忙活起来，克服种种困难和障碍，来确保获得一个好收成。

我们的农民兄弟们在几百年前都已经懂得的道理，为什么一些公司的领导者和董事会还要因为公司缺乏创意、创新、新产品以及服务而抓耳挠腮呢？他们虽然试图种下创造力的种子，但他们公司的文化是匮乏的，奖励体系是残缺的，领导层是盲目的，渠道是不忠诚的，创新团队收到的信号是混乱的。公司的工程师和科学家们被要求创新，但是却没有合适的工具、资源、预算、组织结构、体系、保护战略、文化支持和奖励机制。只要是神志清醒的农民，都不会在这种环境下还去种庄稼，同理，有一点前瞻性思维的首席执行官就不会在这种环境下还想着创新或是收获智慧资本。

戴明（W. Edwards Deming）注意到，在大多数公司，员工中一小部分是明显出众的，还有一小部分是不称职的，而剩下的绝大多数人的表现与组织体系和流程所让他们做的相适应。戴明继续评论说，领导层的两个主要角色之一，就是要持续性地培育和提升这些体系和流程，来激励其中的人们都能够有最佳表现，从而提升股东价值。俗语"如果东西没坏，别去修它"以及"继续做你一直做的，你就能得到你一直得到的"所说的，正是戴明的持续改进模型的对立面。为了充分说明这个观点，有些人把"疯狂"定义为一遍又一遍地做相同的事情，却期望得到不同的结果。

要建立起一个真正致力于创造创新和智慧资本农业的公司文化并保持下去，那么对各个行业各种规模的公司来说，其董事会和管理层都必须突破管理定式。争夺地盘、公司政治、繁文缛节、裙带关系、嫉妒、自大、贪婪、任人唯亲、短视、毫无理由地转变战略方向，这些都必须从公司文化中清除，取而代之的应该是可以驱动创新流程的动力、工具、资源和态度。任何组织，不管是营利性公司、非营利性组织、政府机关，还是学术机构，只要有一种文化，直接或间接，明确或含蓄，高调或低调地想要把事情保持原样，来保证工作的稳定，这样当然会死亡得慢一点，但也绝不会珍视创意，收获创新。要建立创新文化，就意味创意要在组织的各个层面得到重视、赞美和回报。当团队得到了真正的激励，对工作充满热情，他们就会勇于探索，乐于梦想，而不怕多付出汗水和时间（例如，在工作岗位上付出的时间和努力超出通常的预期），这样创新才能像有价值的庄稼一样，繁荣生长。

培育创新和创造力的行动必须是既有自上而下又有自下而上的。从自上而下的角度来说，像董事会主席、首席执行官、创始人以及战略家这样的人，在确立创新优先级、资源分配和项目时间表上扮演很重要的角色。只要是在公司干过的人，不管是大公司还是小公司，都知道，如果首席执行官或者创始人要干点什么，公司所有人都会竭尽所能地去完成。但是自下而上的就没有这么简单了。新的想法如果是新人或者是公司较低职位的人提出来的，要想实现就没那么容易了，除非公司的体系正好能让项目到达决策者的办公桌上，除非公司文化是真正开放的，并且鼓励在各个层面的创新。而相反，如果通往资源分配的道路被各种减速带和砖墙阻挡，那些从食物链底层出现的创意就会夭折。制造出这些"障碍"的管理架构和体系会使人消极沮丧、士气低落，也就不太可能为公司培养出保持长期创新所需的"替补队员"。同样，这样的公司文化也不太会吸引到现在的年轻一代，这一代人在职业中期望更多的参与感和认同感。

创新也不能只是随机事件或偶然事件。公司战略不能是守株待兔地等着下一次"灵光乍现"。在稳定的"摇钱树"业务提供可持续和可预见利润的同时，也要为未来开发潜在的高收益高回报的产品，两者都需要投入时间、精力和资源，之间必须有一个平衡。公司里面那些勇于把握机会，并且有"非同一般"的想法、眼界和行动的人，就是公司里面的催化剂、独行侠和创意冠军，公司领导层必须对他们授权鼓励、加以指导，并要给予奖励。所有的员工，特别是那些创新是其核心职能的员工，都应该明白自己从哪点融入创意文化，他们会得到怎样的回报，还应该知道对公司和公司股东的未来繁荣来说，为什么创新极为重要。而首席执行官也应该将人力资本的发展壮大排在自己繁忙议程的最前端,并给予公司内的开拓者们足够的权利和适当的资源,让他们放手去做,而不管成功失败。要清楚,公司的体系要奖励那些超出预期的表现,而不能奖励那些仅仅只是完成了分内之事的员工。要知道我们已经培养出了"蜜罐里一代"年轻人,他们拿到刚刚及格的成绩单就期望得到一个金星,这已经够糟糕了。

每个公司的奖励体系各有不同。尝试一下不同的方法,和你的员工交谈,看看哪个方法能获得最好的激励效果。有些体系提供基本的奖金,有些使用类似于飞行公司的"常旅客"计划,累积记分来兑换奖励,还有些则类似于"风险投资",奖励是销售额或利润的一定比例,有些公司则尝试使用"无价"奖励,比如和首席执行官共同用餐,或是享受一个月首席执行官的 VIP 停车位以及司机。但是,不管是什么激励机制,要想获得好的效果,其核心都应该是对工作真正的热情,以及对公司发展壮大贡献自己力量的由衷渴望。如果没有对创新发自内心的承诺,那么所有花费在去加勒比海度假邮轮上的钱都将毫无意义,完全是浪费公司资源。实际上,很多发明家在谈到自己主要的创新动机时,都提到了表达自身、留下遗产和解决小小麻烦的需求,或者是单纯地享受与人合作和互动的快乐。这些都要超过经济上的回报。

要提高创造力和智慧资本收获需要我们做的很简单,我们都知道,只是需要持续而又一以贯之地去做。而问题的关键不在于做什么和怎么去做,而是什么时候去做,由谁来做。2010 年 5 月,已经在研究培养和收获创新方面成为先行者的 IBM 发布了一个针对首席执行官的关于营造创新公司文化的调查。首席执行官们被问到,在帮助增加公司内部创新方面,他们会看重什么样的中层以及高层经理和领导。被欣赏着的特征包括"能够接受不确定性""勇于承受打破旧的商业模式带来的风险""敢于跨越已证明可行的模式大胆前进"。接受调查的首席执行官把创造性作为他们领导团队中唯一最为重要的特质。听起来是不是让人欢欣鼓舞。我去哪儿报名?

如果我的语气有点嘲讽,也并不是因为 IBM 的研究是不完善的。恰恰相反,我完全相信这些首席执行官们的回答是真诚的,他们也确实从心底里认为这些特质是非常关键的。但真正的问题是:别人领会到这个精神了吗?这些特质有没有进入岗位描述,有没有在面试问题上体现,在人力资源部门的筛选技巧中用上了吗?要培育出更多的创造力和创新,首席财务官(CFO)有没有和人力资源一起来建立起财务上的奖励和刺激呢(当然,非金钱的奖励也同样重要)?预算分配有没有考虑到为创新提供所需的工具和资源呢?是不是已经打破了沟通上的壁垒,来让公司内外能够协调合作?工作量是否已经得到调整,使得能有更多时间进行创造性和突破性的思考(如同3M和谷歌所做的那样)?公司里的标准规范是不是得到了足够的审视,来保证管理层能够真正听取新的意见和战略转变?那些因为一成不变得到奖赏的人是不是已经被解职或是降职?那些由于商业模式变化而受到影响的人,比如客户、供应商、卖方以及资金提供方,是不是已经得到了通知并被充分考虑(影响分析)?

营造真正的创新文化

一个真正致力于创新的组织是不害怕问出"为什么"的,它会仔细地寻找答案。也不会害怕问"怎么办",它会遵循所推荐的道路。也不会害怕问"谁",它会作出关于员工安置项目和新方案的艰难决定,或是对组织结构图作全面改革。它会经常问"如果……会怎样",并详细地考虑各种可能性。它不会害怕和员工团队、客户、供应商以及卖方坐下来,问出"如果你有权利来改变我们做的所有事情,哪一件是你会去改变的?有哪件事是真正困扰你的?我们要怎么样去改变?"

当人们开始开诚布公地回答这些问题,而不再考虑个人利益,不再任人唯亲,不再幕后操作;当领导层都开始倾听并认真考虑和评估这些回答,也不再考虑个人利益,不再幕后操作,那么,创新文化的种子才算是真正地种下了。反过来也是同样正确的——如果做不到这些,那么就不用奢谈什么营造创新文化了。

培育创新文化的领导和管理原则

创新的公司文化由顶层而始,但必须贯穿和渗透到公司的各个层级和各个部门。大多数农民所拥有的职业道德、透明度、朴素、人性、正直和责任感为我们所有人都提供了洞察力和领导力的讲堂,而对那些有志于培养出智慧资本农业的公司文化的领导层来说,尤为有用。必须建立起一套标准,并实施起来,来促进合作、团队精神、直率的沟通和共同的目标感,并形成一整套超越个体制度上的核心价值观。这些价值观必须由每个人所共享,并被真正接受,而不仅仅是出现在公司的网页上。当人们认同公司内制度性的和始终如一的价值观,并真心希望由这一套价值观来管理的时候,当他们确信自己创造性劳动的果实是和整个公司的战略目标相匹配的时候,他们就更愿意去创造,去改进自己的公司。沃尔玛欢呼可不仅仅是公司会议上重复的充满激情的句子。它代表的是一条纽带,一种和公司之本,和创始人山姆·沃尔顿的价值观和视野的联结,尽管山姆·沃尔顿已经离世很久。

智慧资本农业的公司文化上的管理必须在实现奖惩分明与消除对失败的恐惧之间的微妙平衡。恐惧是创新的大敌。如果公司文化惩罚失败,人们就会维持现状,不再前进。另一个极端则是公司运营得像是一个小学课堂,每个人都很"和善",大家都是好好先生,免得"得罪了别人"或是"搞砸事情",那些早就该完成的项目被无限期延迟,股东们的时间和金钱被浪费,机会也白白流失。

好的领导能够促进部门间的良好沟通。如果一家公司的不同部门之间互不交流或各说各话,就会造成巨大的价值流失。公司内的科学家和创意人员必须和公司管理层以及市场和政府事务部门有良好的沟通渠道。研发部门的经理也需要熟悉商业技巧,才能够正确地传达他们的创意,而决策者和市场人员则要能够明白研发部门的科学性的论述。这些事很重要,不仅仅是因为这可以避免和产品故障相关的代价高昂的诉讼,以及避免商务部门强加的紧迫期限,要知道商务部门总是把利润放于安全之上,而安全则是科技人员强烈要求的。其重要还因为如果员工们不能顺畅地分享创新、创意和潜在的商业机会,那么它们就会永久地流失。

那些善于想出点子的人必须和那些能够把点子变成现实,做出有利可图的产品和服务的人一起工作。产生创意和做出一个健康均衡的产品或服务是不一样的。要让一个好的点子结出果实,或是放弃那些不成熟的点子,或是把那些无法变成可行的产品或服务(至少是在这个机构里面无法实现,而在机构内许可或是合作是战略相关的)的点子搁置一边,这都需要一大批的指导者、支持者、拥护者、促进者、设计人员、市场人员、资源保证以及分析人员。缺少实施和战略,创新是毫无意义的;而没有最初的愿景,实施的人员也无法发挥作用。一个成功由创新驱动的公司文化让这两者相互依赖,而两者的努力都能够得到平等的回报。

一个高效的有创新头脑的管理者会让两种类型的员工都取长补短,在两者之间建立起恰当的沟通渠道,并营造出一种友好的氛围让每一名员工都能自由自在地贡献自己的力量。3M多年来的成功,部分就要归功于它成功地将自己的IT部门从一个后勤支持部门转变成了一个战略性的商业伙伴。3M把IT部门领导囊括进了其高管团队中,这样IT部门的员工就可以更容易地分享自己的看法和思想。

带着建立和保持创新文化的想法来形成一个创新驱动的管理和领导模式,就需要考虑下面这些关键的战略性问题。

* 如果我们要围绕创新文化来重绘领导、管理以及组织机构图,那么看起来会有哪些不同？

* 如果我们要围绕创新文化来重组我们的团队并和他们重新协商，那么薪水报酬以及激励机制会有哪些不同？

* 如果我们围绕创新驱动的任务、价值观和关键目标，来重新选择，重新雇佣我们外部关系（顾问委员会、专业顾问、战略伙伴），并让他们改变方向，那么他们会有何不同？

* 在组织内部，我们怎样才能创造出更多的创新的先锋、拥护者、影响者、指导者、教练，以及创新的精神领袖，才能让创新长期可持续，而不是快速退去的热潮？我们如何才能和员工重新建立联系，并让前述事务成为重点？我们是否能真正改变或是影响一个原本就坏掉了或是表现不佳的组织、文化、系统或范例？

* 我们怎么才能少关注一点"摇滚明星"而给予让一切成为可能的"乐队伙计们"更多的认可？许多公司都把创新具象化到一个特定的人身上，而实际上，驱动长期可持续的创新需要一个多样化的团队——包括修补工、测试员、调试员、调停员、解决麻烦的人以及维护小组等，那么我们能否对他们在整个过程中的努力和贡献给予充分的回报？

营造创新文化的领导样板

在营造和支持创新的领导方法或风格上，并没有所谓的"唯一正确"的模范或是"全部通吃"的方法。模仿其他公司的做法，而不管它和你自己公司几乎毫无共通之处，这样对前进毫无帮助。每个董事会和管理团队都应该针对自己的公司特点制定出文化体系、预算和流程来培育创新，要符合公司的优势和劣势、机遇和局限、预算限制、历史、市场以及技能组合。

另一个关键点就是领导层和文化的一致性和连续性。对员工来说，创新既要符合公司高层的最高目标，而这个目标又频繁变化，这就成了不可能完成的任务，项目也会由于战略日程的变化夭折。在2008年经济衰退的谷底，首席执行官的平均任期不满两年，这个时间对于大多数项目来说都不够去孵化创新。

2007年5月，IBM全球服务部、创建研究所（Innosight）以及美国生产力与质量中心（APQC）共同发布的一项研究划分出了4种主要类型的管理模板。有些公司适用其中一种，还有一些公司则结合起来使用来培育创新。4种管理模板如表2-1所示。

表 2-1　4 种管理模板

内部的创意市场（谷歌、3M）	有眼光的领导人（苹果、Facebook）
＊员工负责创意、包装，并在内部游说以获得支持，然后实施创意来测试可行性和市场接受度。	＊一名特点鲜明、极有远见的领导人——比如史蒂夫·乔布斯（Steve Jobs）和马克·扎克伯格（Mark Zuckerbery）。他们能够比客户更好地理解未来趋势，并激发员工狂热地去追求这个愿景。而这个过程往往能激发出意想不到和意义深远的创意。
精确控制下的创新（宝洁、三星）	协同驱动的创新（沃达丰、梅约疗养院）
＊公司开发出各种系统、流程、预算审批以及相似的系统来生产出创新性的结果，多个全球的研发和客户研究中心、工具以及研究来为新的产品和服务手机和分析数据。	＊公司依靠外部的联盟和合作伙伴来驱动创新流程。早期的合作伙伴关系是频繁变化和形式多样的，当合作产生影响力，并证明取得初步成功后，就会有更为正式的合资，甚至是收购。

有时候，一些简单但是能够坚持一贯运用下去的规则能够促进创新文化。下面这些规则是可以考虑的。

＊谷歌的 70/20/10 原则：每个员工都应该花费 70% 的时间来进行核心工作，花费 20% 的时间来延伸扩展核心业务，另外 10% 的时间用来思考工作以外的事情。这个 20% 的窗口非常高效多产，为谷歌的许多新产品的创造和发起立下汗马功劳，包括 Gmail、谷歌新闻、Orbit，以及广告服务。实际上，接近一半的谷歌新产品诞生在这个 20% 的自由创造的窗口。

＊3M 的 30%/4 原则：在 3M 公司，全部销售的 30% 必须来自最近 4 年内的产品，这样就迫使创新性的产品能够对公司的收入和盈利产生直接的影响。而这条规则又是得到了 15% 规则的支持。"15%"规则允许技术人员能够自由利用 15% 的时间来干自己选择的项目，而无须任何人批准。

＊芬欧汇川（UPM）的强制休假：芬兰纸品生产商 UPM 要求公司的工程师必须和价值链上的参与者一起进行现场休假，例如造纸机制造商和大型商业印刷工。这样来保证研发团队能紧跟客户的需求。

＊"发挥实际效用"（Where-the-rubber-meets-the-road）原则：乐柏美（Rubbermaid）每年推出 365 种新产品，并改进现有的 5000 种产品。每 12~18 个月，他们就引入一个新产品目录，和 3M 一样，乐柏美的目标也是要求最近 5 年内的新产品获得 1/3 的销售收入。

＊IBM 的名士计划：IBM 通过奖励名士来培育创新和企业内部的创新（见第三章），奖励对象是为公司工作了 15~20 年，并显示出创造性和高产性的工程师，他们可享受一个 5 年的奖金，并享受高管的薪水，并可自由支配资

源来进行自我选择的自主创新项目。

公司要成为一个真正的智慧资产农业，就必须完全或部分地抛弃传统的或历史的产品开发和增长方法。那些在老的核心商业部门适用的，在培育新的内部商机时就不再管用了。游戏的规则必须改变，公司的高层应该支持并强化这些规则。新的规则如下所示。

* 相比较现在的核心业务，要对失败和亏损有更高的容忍度。
* 要愿意去拥抱更大的不确定性和更为模糊的前路。
* 要有能力经得起收入流和利润期望上的更大波动。
* 对风险项目要减少事无巨细的管理和短期的思考。
* 要建立起更为自治的管理结构。
* 必须真正提供财务上和非财务上的资源支持（在目标项目预算和绩效里程碑之内）。
* 在建立实施风险项目的团队方面，要做到真正的全盘多样化，但是团队内也不能分裂，导致无法作出有效决策。
* 团队成员要对团队有完全的认同。每个人都不应该加入一个不想加入的创新或创造团队。
* 在团队的规模和工作范围上要达到一个平衡。要足够小，能把事情做好，能随时沟通，又要足够大，能保证持续地产生新的创意。

总而言之，公司的管理层必须愿意效仿风险投资者和企业家之间的动态关系——既要提供资源，也要适当控制，但是，核心是给予团队足够的自由度，让他们去建立一个可行的公司，或是经历失败。

建立耕耘者团队

伟大的团队把创新推向一个更为高产和更为有利可图的水平。智慧资本的耕耘者团队对于他们的创造性能量的产出有明确的目的，对于研发也有明确的目标，对于防止重叠、浪费、低效和内部的地盘之争有明确的分工和责任。团队是由成员之间的相互信任、和谐关系以及团队精神所引导的，是由对超越个人议程和抱负的团队价值观的认同所引导的。伟大的团队，都拥有一个共同的目标，分享共同的回报，对把提升股东价值作为他们努力的直接和间接的结果有深切的认同。团队成员之间的交流是细致认真、相互尊重、诚实坦率而又善良有爱。交流的目的也都是为了责任和绩效。团队的多样化有很多种，从性别、种族、年龄和信仰到不同的性格和核心竞争力。如图2-1所示，一个智慧资本农业通常拥有至少4名关键的运作成员，每一名都负责一个关键点。

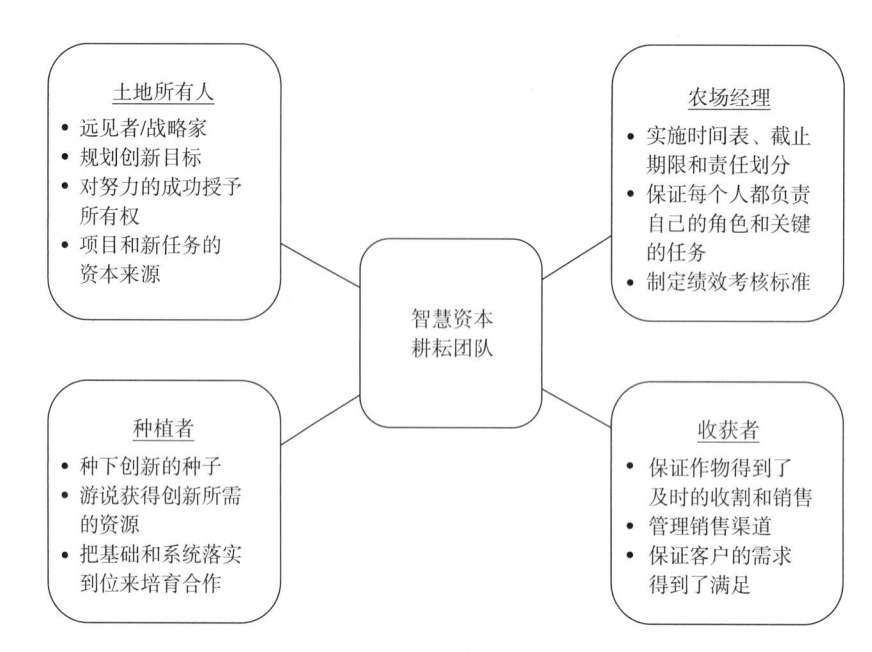

```
┌─────────────────┐                              ┌─────────────────┐
│   土地所有人     │                              │    农场经理      │
│ • 远见者/战略家   │                              │ • 实施时间表、截止│
│ • 规划创新目标    │                              │   期限和责任划分  │
│ • 对努力的成功授予 │         ┌─────────┐        │ • 保证每个人都负责│
│   所有权         │─────────│ 智慧资本  │────────│   自己的角色和关键│
│ • 项目和新任务的  │         │ 耕耘团队  │        │   的任务         │
│   资本来源       │         └─────────┘        │ • 制定绩效考核标准│
└─────────────────┘                              └─────────────────┘
┌─────────────────┐                              ┌─────────────────┐
│     种植者       │                              │    收获者        │
│ • 种下创新的种子  │                              │ • 保证作物得到了  │
│ • 游说获得创新所需│─────────                ────│   及时的收割和销售│
│   的资源         │                              │ • 管理销售渠道    │
│ • 把基础和系统落实│                              │ • 保证客户的需求  │
│   到位来培育合作  │                              │   得到了满足     │
└─────────────────┘                              └─────────────────┘
```

图 2-1 智慧资本耕耘团队的必要功能

一般来说，由 4 个不同的人来负责这些不同的角色。你也很难在一个人甚至是在两个人身上找到负责这些不同角色所需的特点。每个人都应当得到授权和许可，能够获得负责角色所需的资源，从而完成对任务很关键的工作。这些团队可能会专注于一个或多个关键技术的开发，但是通常来说，任务比较集中的时候要比创新目标分散的时候更为高效。

创新文化：组织的自我评估

10 个 A：

* 态度（Attitude）：领导层和公司对创新和创造的看法是什么？是不是真正有意愿来冒险并给予报酬？

* 野心（Appetite）：管理层是否有足够的积极性？公司成为市场和技术引领者的动力有多强？

* 能力（Aptitude）：我们是否有能力创新？我们是不是把系统和创新流程都落实了？我们所需的战略关系有没有到位？我们是否有了合适的伙伴和顾问？

* 调整（Alignment）：我们应该怎样调整组织结构图来把合适的人都聚到一起，都拥有共同一致的视野，并都致力于创新，且有不错的创新记录。

> * 权限（Access）：是否可以获得创新所需的人力和财务资源？
>
> * 分配（Allocation）：我们是否分配了成功创造和收获无形资产所必要的时间和资源？
>
> * 问责（Accountability）：谁负责管理，并对有利于创新过程的结果进行衡量？
>
> * 前进（Ascension）：我们真的做好准备让事情进入下一个阶段了吗？
>
> * 属性（Attribution）：我们的基础是否足够安全（是否需要把裂缝弥补上，或再增加一些砖块）？
>
> * 适应（Adaptability）：在我们的如下方面，是否真的准备好改变我们的风险回报比率：
>
> ★ 文化（和舒适区）？
> ★ 报酬体系？
> ★ 给股东的分红？
> ★ 与合作伙伴、供应商和客户的关系？
> ★ 内部角色和责任（包括控制、领导力，和跨国/跨文化的关系）？

在营造和保持创新文化上的最佳实践

这些年里，我参与也注意到了在可持续基础上培育和建立真正的创新文化方面的多种多样的最佳实践。这些实践应该被公司的各个层面所接受，方能有效。它们包括：

* 创新，如同施肥，是凌乱的、粗糙的、不讨人喜爱的、昂贵而又不可预测的。创新很难以一个整洁有序的方式出现。对创新施加太多的规则和要求会过于约束甚至阻碍创新的过程。要做到经常的施肥，坚持不懈，并对整个田地都照顾到，而不是间或地去"关心"一下项目。而且，结果也不可能总是你能预料到的或是你所期望的。一个常常被提及的例子就是宝洁的奥利斯特拉（Olestra），这种低卡路里无胆固醇的人造食用脂肪就是1968年公司的研究员在研究易被婴儿吸收的脂肪的时候偶然间发现的。这种宝洁独占的原料在20世纪90年代中期被用作薯片和快餐零食的关键配料，但是随着许多的消费者不再愿意为了减少摄入脂肪和卡路里而忍受腹部绞痛和拉稀，销量开始下滑。面临着美国市场的销售下降，以及英国、加拿大和许多其他国家禁止将奥利斯特拉作为食物添加剂，宝洁开始为它们独占的奥利斯特拉寻找其他用途。近

IP 收获无形资产

些年,奥利斯特拉衍生出的化学品被用在环境治理、工业润滑剂以及油漆添加物上,可作为甲板着色的基层以及小型动力工具的润滑剂。如果你建立了与创新水平相适宜的流程,以及固定的创新目标,那么你就为创新营造了有利的环境。如果你过于看重创新过程,限制预算,思维死板,你就为创新圈起了一道道围墙,而创新的过程是需要自由呼吸空间的。

* 拥抱无头的老虎。在 2011 年 1 月,史蒂夫·乔布斯宣布他将离开苹果,去进行第二次长期的治疗,公司的股价猛挫超过 20 美元,尽管公司的管理权被交到蒂姆·库克(Timothy Cook)的手中,他从 1998 年就担任公司的首席运营官(COO),完全能胜任公司的管理。许多伟大的公司都是在家喻户晓的有远见卓识的领导的带领下完成创新目标的,比如说比尔·盖茨和安迪·葛洛夫(Andy Grove)。但是我们都知道,什么人都不可能永远陪着公司,公司文化必须为创新做好准备,不论有没有这些伟大领袖。公司如果过于依赖于创始人的实际存在,那么是无法长久的。团队驱动的创新能够在各个层面培养出领导,从而能够让创始人的远见能够在他离开公司的领导地位之后依然能够长久地保持,并得到加强。在培训上投入,敢于授权和委托,并制订出有意义的接班人计划,这些对创新来说都是关键的因素。

* 唯一确定的事情就是改变。在经济多变、节奏飞快、技术为王的世界里,未知反而成为我们所知事情中唯一可以确定的真实。一旦我们适应了某件事情,可以确定的是,很快就会有新的事物来替代它。新的版本、新的型号、新的风味、新的包装、新的设计、新的定价模式以及新的销售渠道都在纷纷涌现,它们出现的速度是如此之快,我们都害怕刚买的最新的玩意儿在走出商场之前就已经过时了。

* 离开安全的洞穴。我们的祖先明白在安全的洞穴之外有危险的动物在等着他们。我们很多人也依然过着祖先一样的生活,我们希望知道拐角那边是什么,接下来会发生什么。生活不总是如我们所愿的那样有序和可预料,当然,创新、创造也一样。新的任务和新的目标总是能激起我们 DNA 中固有的对未知的原始恐惧。

* 避免玩世不恭和唱反调。在玩世不恭者和怀疑论者之间是有巨大差异的,如同怀疑的 Dora 和沮丧的 Debbie 之间的区别。Dora,怀疑论者,对创新过程来说作出有益的贡献,因为她能提出所有正确的问题,即使这些问题可能都带着负面的偏见。而沮丧的 Debbie 则被自己的不安全感所驱使,总要在所有的事情上都要找出不对的地方。创造是需要正反意见阴阳调和来达到完美的,但是并不需要人来泼凉水,而只是为了秀一秀存在感。

* 开拓出一条新路。拉尔夫·瓦尔多·爱默生曾写道:"不要因为路到那

第二章 播种：培育创新文化

里就走去那里，去没有路的地方，走出一条路来。"爱默生明白创新的核心规律。他不仅仅有去往无人到过的地方的意愿，还是通过走出一条别人可以跟随的路而带来的附加价值。开拓不仅仅是发现的过程，而是发明最终的产物。在实验室的辛苦工作中，为完成发明而大胆挑战旧习的意愿中，爱默生都展现出了这条原则对他的指引。

* 相信自己、相信同事。没有自信是作不了创新的，没有信任团队也无法工作。相信自己能够以自己的方式来为团队作出重要的贡献，相信团队和体系能够尊重和欢迎你所作出的贡献。同事之间、部门之间、上下级之间，信任都不可或缺。没有什么事情能比得上靠自己努力所获的赞赏令人激动。而评价你表现的人对你工作完成的质量和完整度的深信所带给你的感觉同样鼓舞人心。信任是动力，是让人感到力量和自由的能量，会激励人创新。

* 让人们放下防备。没有人能在怒火未消或是紧张状态下创新。就其本质来说，创新需要良好的环境，要让团队成员能清除掉每天挡风玻璃上的污泥，从而能清楚地看到未来，去感知和探索新的可能性，去展望新的现实。必须要有"安全"的环境，让这些展望的成果能够拿出来，进一步挖掘讨论，而不会遭到嘲讽或太多负面看法。一旦创意得到了加工重塑，就要开始对创意的执行、采纳以及让创意能持续地工作，这些工作更为繁重。参与创新的人都必须明白，简单的构思或发明和更为复杂的可持续创新和价值创造工作之间，有巨大的区别。但是两者之间存在不可割裂的关联。

* 谁放出了"RATS"？高效的可持续的创新过程需要一个系统的方法和对资源、支持、测试以及持续的需求（Resources，Advocavy，Testing，and Sustainable demand，TATS）的合理部署。资源包括人力资本、时间、设备，以及环境资本，用以将创意变为成果。支持包括公司内外的支持者，帮助项目获取资源和精神上的支持。测试和评估则需要一个好的环境，能够让创意得到加工提炼、重塑再造，并使用量化模型来预估回报。持续的需求要求对目标客户、市场、渠道和潜在的战略伙伴进行确认，对产品或资源的潜在买家的规模和范围，以及到达这些客户所需的合作伙伴进行论证。

* 嗨，谁打断了我的破坏？有时候，创造革新可以在组织内长期慢慢渐进式地发展。但是，在多数情况下，都需要一个高层能够不怕破坏或是创造性地摧毁现有的公司文化，创新才能有一个飞跃式的开始。变革可以是激进彻底的，也可以是渐进转换的，或者仅仅是对公司的优先事务、预算分配和报酬体系重新安排。但是，和所有的冲刺的势头一样，对破坏的暂停、调整以及突发情况或任何其他的打断会造成破坏偏离原先的轨道。如果首席执行官和领导们热衷于在一个看似不变的基础上玩"抢椅子"的游戏，那么对那些负责创新的人来说，确定一个明确的方向或是收获真正的创新势头将会是相当有挑战的任务。

* 倾听客户和市场的声音——认真但不照搬。客户和市场不再对给予反馈感到腼腆，特别是在一个 Web 2.0 驱动互联的世界，他们会告诉你要让他们成为你的客户或是继续作为你的客户，你需要作的突破性的改变或是更多的创新。但是，仔细倾听，而不要把他们说的都全盘照搬，要会领悟言外之意。亨利·福特（Henry Ford）常被认为说过，在 20 世纪初，当他问消费者需要什么的时候，他得到的回答是：更快更强壮的马匹。

* 赢得世界职业棒球大赛要靠一垒安打和二垒安打。棒球史学家解释起这个时候，会和粉丝看到全垒打一样兴奋。大多数联盟打击王的获得者、跑垒得分的领头羊，以及世界职业棒球大赛的冠军队伍是由能够持续，特别是能在关键时刻，有跑垒员站在得分点的时候，打出一垒安打和二垒安打的九个人决定的。对创新来说也是如此。很多首席执行官都希望能够作出突破性的创新，而打出全垒打，但是大多数创新增长的公司的成功都是通过许多小的项目以及增量式的创新累积而成的。首席执行官必须注意，不要对那些打出一垒安打和二垒安打的员工不满或是将之边缘化，这样只会阻碍创新进程，最终什么比赛也赢不了。

* 要获取新创意，就要广撒网。创新、创意来源多种多样，组织内外都有。要留意客户、供应商、渠道伙伴，甚至竞争对手，把他们作为新创意的来源，并从其中获取改进或加强产品和服务的指引。对创新不要消极，也不要防护过度，当建议切入组织的核心时，不要变得防御保守。听取坦率直白的意见是很痛苦的，但是没有痛苦，就不会有收获。不要让你的公司文化患上"不是在此地发明"的综合征（Not Inveat Here，NIH）——如果创意不是由领导层提出的，就不值得考虑。

* 不要被各种委员会所困扰。和前面所述的最佳实践相关联的是建立和管理各种委员会：动态咨询委员会、科技开发委员会、客户或渠道伙伴信息委员会等——都是打算成为新创意和问题解决的不同种类的反馈机制。这些都不是正式的董事会，但也需要有明确的章程、任务和报酬体系。挑选委员会成员要认真仔细，在决定其整体构成时，要留意其多样性和关联性。要考虑委员会的活力、参与和合作，来让他们更为高效，要建立起体系，来避免哗众取宠、利益冲突，或是漠不关心。

* 收获关系网的力量。在 1986 年我从法学院毕业的时候，我有 8 页纸，上面用铅笔写着那些可能帮助我职业成功的人的固定电话号码。我的关系网是静止的、不关联的，在联系人更换工作或职务时也无法自动更新。如今的大学或研究生毕业工作的时候会有上千个电子联系人，都是通过诸如领英

（LinkedIn）、Facebook以及Plaxo这样的社交网络联系的。这些关系网是动态的、相互连接的，并且常常更新。我们社会的连接相通正在驱动着生产力、创新和创造力，并以一种短短25年前我们只能想象的方式打造着战略关系。

* 让工作变得有趣，并保持开放的头脑。马库斯·巴金汉（Marcus Buckingham）在他的书《把你的精力放在工作上》（Put Your Strengths to Work）中写道，上班的人群中，5个人中就有4个憎恨或极度不喜欢自己的工作。创新是需要热情的，而热情是没法假装或是勉强的；热情必须是真实的、发自内心的，这样创造的种子才能成长为可以收获的庄稼。乐趣让创造变得可能，让人可以看到在别的时候看不到的事物。乐趣是（可以是）有用的和有助于生产的。做游戏、实验、角色扮演、团队拓展、非正式的聚会、休养以及聚会可以解放大脑，让人思考得更为清晰明了，能够摧毁那些阻碍创新的障碍和高墙，从而促进创造性的思考和创新性的公司文化。保持一个开放的头脑也非常重要——一开始想要达成的功能有可能并不是优势最大的。生物制药领域信奉这条理念，一些公司也因此获益非凡。比如说，1988年，阿勒根获得了肉毒杆菌（Botox）作为治疗无法控制的眨眼的药物的专利权。然而，随着时间的推移，创造性的思考让管理层意识到其作为抗皱治疗的性能，随后，2002年，阿勒根获得了美国食品药品监督管理局（FDA）的批准，剩下的就是创造历史。而当万艾可（Viagra）在20世纪90年代初期刚刚被辉瑞测试的时候，它是被拿来作为治疗心血管疾病的，但是，这种药物的一种副作用被注意到了，就是持续的勃起。无须多言，稍作包装和重新定位，再一次创造了历史。

有这么一个故事，一个老人在路的一边种树苗，有些捣蛋分子走过去，嘲笑这个老人。一个人说："你这个老笨蛋，你为啥要在大太阳下面这么辛苦，你种的树等到结果的时候你又享用不到。"老人回应道："我们种树，下一代就能吃到果实，正如我的前辈所做的一样。"营造一个创新、高效、有创造力的公司文化是一个长期的、跨越几代人的过程。耐心必须战胜短期的贪婪和想要马上看到效果的压力。正如我们在第三章中调查的一样，创新的公司文化必须植根于企业家精神之中，让人们因为自己的努力、贡献和牺牲，以及对组织的良好发展和最大利益而所做的一起感受到激励与欣赏，也得到回报。

如同山姆·沃尔顿在建立沃尔玛的时候富有远见的评论："要欣赏你的员工为公司所做的一切。给他们薪水是一件事，我们如何欣赏感激是另外一件事。没有什么能够替代适当适时地对员工真心的称赞。这是免费的，却又价值千金。"

第三章
灌溉土地：拥抱内部创业精神

相较以往，今日我们更加需要挖掘组织中每名员工的创新创造潜能。组织里的每个人都必须能够超越自身的角色、部门和程序来进行创造性的思考，并主动尝试新的方法。

——安德鲁·帕帕乔治（Andrew Papageorge）
GoInnovate 公司的首席创新战略官

正如在第二章所讨论的，公司或组织的领导层必须致力于建立和维持一个真正有利于各种创新的公司文化，并为之提供有形的和无形的各种资源。一旦这种公司文化牢牢扎根，就是种下了创新的种子，那么灌溉的过程就开始了——以内部创业精神为支柱建起公司的基础。

农民们都知道，灌溉是一门艺术也是一门技术。灌溉时间错误、地点错误、水量太少，庄稼就会干旱而死；而如果灌溉过量，庄稼就会涝死。在建立体系和奖赏来培育内部创业精神和发现隐藏的机会之时，公司领导层也必须找到同样微妙的平衡。如果激励和资源太少，员工和团队就会响应缓慢，创新就会干涸。如果一下子有太多的资源，就会混淆战略优先，或是过度鼓励了带着新科技离开公司。使用正确的工具来浇灌内部创业精神也很关键。在应该使用橡胶软管或是喷洒装置的时候，很多首席执行官最后使用了消防水管，在同一时间给同一块地浇了太多水，其他的项目却缺水而亡，也因此破坏了创新项目，扑灭了创新之火。而在其他案例中，首席执行官又可能在灭火（解决麻烦）上花费了太多时间，而把可以用来浇灌新创意和人才的宝贵时间和资源浪费掉了。同时很关键的一点是，要明白灌溉系统是用来作为一个对你无法控制的关键变量的战略和可控的补偿。这个关键变量就是大自然，你应该给作物浇多少水部分取决于这个季节下了多少雨。在商业上，市场和经济环境和大自然所起的作用相似——对公司领导层来说，控制它们是不可能的，所以就需要细心地监控市场和经济，来确定要促进公司的增长和创造额外的智慧资产需要增加多少资源。

内部创业精神有多种的定义，但是在本书中，我们这样定义：一家大型公司内的个人或团队，通过自信地承担风险、收集内部的资源，以及公司的支持和创新，来直接负责将创意变成可营利的最终产品。这不仅仅是发明，发明会创造新事物，但通常自身不能创造客户价值或增加股东价值。

当内部创业在一个有创新文化的增长中的公司实行的时候，就会发生精彩的故事。人们会感觉到充满力量、有了方向、得到了赏识，因而欢欣鼓舞，并重新想起了他们选择这条职业道路的原因，并愿意每天在公司付出 10~12 个小时。他们会感到自己是远超过自身的伟大事业的一部分，他们会意识到他们的工作回报超越了个体，而是成为最大化股东价值的驱动者和贡献人。员工变得更快乐，受到了更好的激励，他们不仅仅会变得相当高效，还会更为忠诚，在公司工作的时间也更长，从而大大地减少了人员流失而带来的费用（见表 3-1）。

表 3-1　内部创业带来的果实示例

母公司	所支持的内部创业项目	出产的果实
微软	打入家用游戏机市场	Xbox
索尼	从 Walkman 市场崩溃中恢复并为自己出色的电视机找到一个配对电子产品	PlayStation
柯达	当相纸业务消亡并被数字媒体取代之时公司转型	柯达打印机、照相机、数字媒体管理及软件业务
思科	超越其路由器的后勤支持的名声，走到前台成为连接大众的名牌	思科人际网络，及相应的产品及系统
宝洁	为由来已久的问题制定创新战略	速易洁（Swiffer）产品线

内部创业和领导层

董事会和管理团队必须为公司内部创业的指标参数定调，并为之制定手册。手册要写明成功和失败的规则、资源分配、发明的归属、报酬和激励，以及内部创业的战略和体系。创新和内部创业可以成为公司任务、价值观和品牌的中心部分，正如美国西南航空公司（Southwest Airlines）、迪斯尼和杜邦（Dupont）所做的那样，否则就意味着公司在战略食物链上重要性大大降低。如果公司的内部创业手册与公司的技能组合以及公司中那些被认为会成为内部创业者的员工的期望差距太大或是脱节，那么所有的创新努力都可能会偏离轨道。有远见的董事会和首席执行官却被一群思维传统的经理们所包围，那么创新几乎成为不可能，这就像在赛道上驾驶一辆没有发动机的跑车。反过来，有创造性和前瞻性思维的员工，却遭遇到项目不时被否决，或是陷于各种繁文缛节之中，那么他们会离开，或者更糟糕的，他们放弃创新，退回到日常的毫无风险的按部就班的模式中去。员工有共同的价值观，并能相互合作，很这重要。所有的员工都应该对于他们如何适应内部创业流程和在其中的位置了如指掌，并应该清晰地明白为什么内部创业对于公司和利益相关方来说都是至关重要的。

负责这种合作所需的桥梁、黏合剂以及催化剂的责任一般落在首席创新官（CIO）的头上。在全球公司中，这都是一个相对陌生的岗位，其准确的岗位描述在写这本书的时候依然还在更新演进之中。各种不同的公司，像可口可乐、哈门那、欧文斯科宁、AMD、花旗，都在它们的高层领导岗位中设置了首席创新官，因为创新和收获智慧资产的压力已经反映到了公司的最高议事日程。但是，也只有寥寥几家公司作出了这个决定，数以万计的公司没有高层的人员或团队来负责管理创新和培育内部创业。

在制定首席创新官的岗位描述的时候，下面这些主题是共通的。

* 制定一套通用和一致的创新价值观和政策。首席创新官需要制定公司范围的价值观和政策，这样每个人都能步调一致。首席创新官还必须通过培训和分享成功的事例和最佳经验来传达这些政策。

* 确定内部创业的战略和结构。如图3-1所示，内部创业有多重形式。

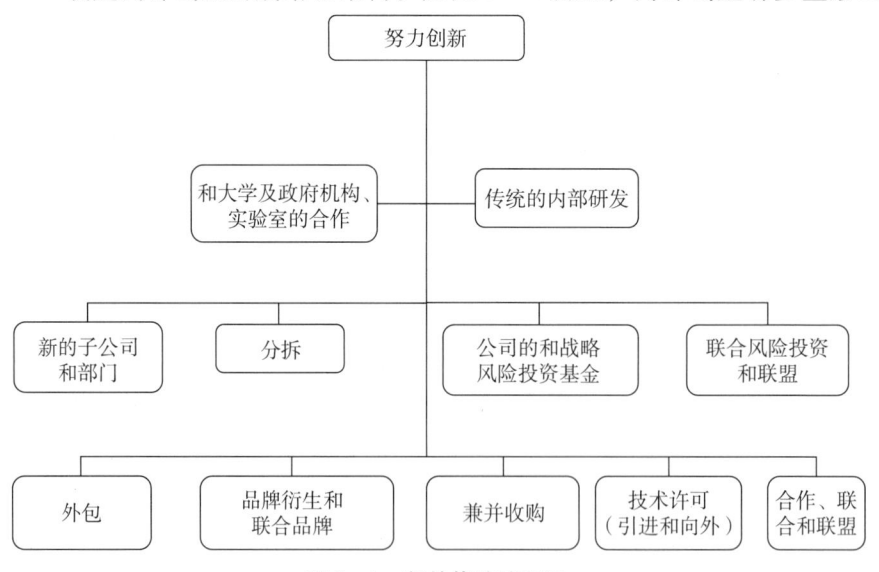

图3-1 新的战略流程图

第三章 灌溉土地：拥抱内部创业精神

较大的传统公司往往把所有的人和资源都集中到研发部门之下，同时服务于公司的多个部门。但是，更为灵活和进取的公司则转而采用诸如特别奉献团队、新风险部门和小组、创新中心、内部风险投资基金，以及公司外的特殊团队，甚至创新休假等方式来培育内部创业。而外部战略包括外包、大学研究项目团队和合作、交叉授权、兼并收购以及联合投资等，以达到内部创业的目标。

* 吸引并留住内部创业的人才。首席创新官必须和人力资源部门紧密合作，来保证能够招募到有创造力的员工，并给予合理的报酬，来让他们留下。必须落实政策来对创意团队的成功以及他们所付出的努力进行财务上以及财务之外的认可。公司政策应该灵活以便奖励那些提升股东价值的人，并让他们与最初吸引他们到公司来的能量水平和公司文化保持紧密联系。要做到这些不像看起来那样简单，即便是在最为引人注目、增长迅速的公司也是如此。最早进入 Facebook 的员工已经开始离职创业，因为创业的兴奋已经转变成在大公司稳定环境中的波澜不惊。最近谷歌也开始努力去留下公司中一些最具有创造力的人才，因为那些小型的高增长的公司，像 LinkedIn、Zynga、Twitter、Asana 和 Jumo，能够给他们再来一次创新生长的机会。首席创新官应该保证这些最好的和最聪明的人才能忠诚地留下来，或者至少知道如果他们离职之后如何、到哪里去找到替代者？

* 执行高水平的创新重点，评估自下而上的创新建议。当整个体系运作良好时，创新和内部创业都是自上而下和自下而上的。首席创新官必须开发过滤系统，来评估创意，并为之分配资源、团队和资本，并保证达成公司范围的创新目标。必须建立起温室和安全场所，以便对新创意进行审查，对原型、工作模型及概念验证进行试验试点。测试市场的选择和管理、早期客户的选定、宣传团队、市场影响者以及早期渠道合作伙伴，这些都是首席创新官的职责范围。当这些设想被检验之后，所收集到的信息和经验应该在公司内共享，在适当的时候，还可以和外部合作伙伴和利益相关方分享。

* 协调和管理创新。正如我们在第四章要探讨的，首席创新官必须开发、实施、维持并改进公司的智慧资产管理计划、政策和系统，以促进所有内外利益相关方的协同合作以及智慧资产的收获战略来开启和驱动股东价值。

* 成为公司品牌和商业形象的大管家。首席创新官应该和公司的市场、品牌和销售管理层紧密合作来保护和提升公司的品牌、口号、设计、名誉，并管理 Web 2.0 下的活动和社区。如第八章所讨论的，作为潜在的收入和利润来源，这些无形资产的战略重要性与日俱增。从预算管理的角度来看，美丽在于其往往已经存在，但是必须费工夫去发现，然后才能从中提取股东价值。

* 为公司范围的创新活动做一个守门员和出租车调度员。在致力于内部创业的公司中,必须有人负责"管理那些散漫的猫",并保证所有的火车都正点运行。首席创新官就是火车和出租车调度员,来帮助确保内部创业项目按时完成,并不超出预算。首席创新官必须在决策圈内,充分了解影响成本的因素、时间表,以及投资成败和目标利润的标准。

* 做外部顾问和利益相关方(律师、技术支持、共同投资人、合作伙伴)的联络员。当和更为传统的角色,比如首席财务官和总法律顾问,一起工作的时候,首席创新官必须成为公司和外部顾问、咨询、合作伙伴和投资人的关键联络点,他们都对创新结果有影响。而首席创新官则是公司的创新过程对外部世界的"脸面"。

内部创业的战略核心

支持内部创业的变量

* 一个由所有员工共有和接受的管理理念。
* 涉及员工对市场和行业的理解。
* 小型扁平的组织,至少在内部创业所在的领域。
* 团队合作。
* 自由、鼓励开发创意。
* 当一个创意由于外部因素失败的时候,不害怕失败,不对失败惩罚,不被嘲笑。

谁应该对营造公司的内部创业文化负责呢?不是董事会主席,也不是首席执行官,而是公司内的每个人。创新的精神必须自下而上。公司必须营造一种人人都能够决定创新的氛围。

怎样有助于内部创业?

* 倾听。公司的领导层必须愿意从公司的各个角落发现好的创意。
* 取消繁文缛节。一个高效的审批流程是必要的。通常来说,一个扁平的公司结构在批准创意的时候要更有效率。
* 不要害怕失败。回报总是伴随着风险。如果失败就意味着巨大的代价的话,好的创意就不会出现。但同时,人们也需要意识到要负责任。
* 分享荣誉。把一切功劳都揽到自己身上的领导是不会有人跟着干的。如果没有回报,创意是不会冒出来的。要适应模棱两可。
* 打破窠臼。最伟大的创新一开始往往是十足的异类。不要害怕向新方向出击。

第三章 灌溉土地：拥抱内部创业精神

> **内部创业和创新的公司文化**
>
> * 组建跨职能的团队，并协同合作（如果年轻人有新鲜的想法，而初级员工没有分裂性思想的话，团队内要为年轻的初级团队成员留有一席之地）。
>
> * 拥有一种健康的紧迫感。
>
> * 为"脐带"项目提供种子资金。
>
> * 在寻求培育支持创造力，并给予报酬不同部门间的一致性。
>
> * 安排一个高调的谈判暨报酬体系来鼓励创新结果。
>
> * 要去第一线，认真倾听，仔细观察。

致力于内部创业的公司的运营就好像亚瑟王管理圆桌骑士——只要每名骑士都富有成效，那么他就让其自行管理（在某种程度上说，放任生死）。董事会共同的核心价值观、体系和纪律需要共享，但每个部门有自己的盈亏自负，也有自己的资源和合作伙伴来将产品和服务带到市场上。这些公司建立起体系，让小型的团队为了从母公司获得资金和资源而相互竞争，这和企业家在资本市场上为了资源相互竞争有许多共通之处。

能够支持内部创业的公司，把内部创业作为实现创新的工具，作为扩展智慧资本积累的灌溉方法，这些公司把员工视为公司的资源，而非支出。在这些公司，团队召集起来是为了创造，而不是维持现状。员工因为打破常规而获得奖励，而非墨守成规。只要能够从失败中学习经验，在某种程度上，失败是一种给予，会受到欢迎。微观管理被摒弃，以便营造一个不干预的、更具有创造力的文化，并寻求达到虽然全部运营在大的公司母体之中，但类似小型创业公司的体验。

对于创造新的产品和服务的奖励可以是可观的奖金、股权奖励、内外嘉奖，甚至可以是分拆成新成立的、部分控股的子公司，以替代管理层收购或从母公司剥离。这些分拆出的公司可以从母公司和子公司两个层面都提升股东价值。在下一节，我们仔细地来看一看分拆。

分　　拆

分拆被看作是与兼并收购不同的战略路径，但是分拆一家公司可以是获益和增长的有效方法。小型的、更为独立的子公司会带来更为专注的战略和管理上的自主性，这样也可以给予它更大的责任，并对创造力和生产力能有更多激励。

研究表明，20世纪90年代分拆的公司每年能超过市场大概10个百分点。提到的原因有，新公司的管理层和公司更加利益相关、它们对成功的狂热，以及在项目上投入的时间和资源增加了，而这些是母公司所无法提供的。

* 对部门、产品小组或是创新者团队的分拆可以创建一个新的实体，其能够将母公司非核心的业务线变成额外的收入来源，并可以鼓励那些落后者，让他们知道创新和内部创业也可以得到好处。

* 分拆可以简化母公司的运营，同时能鼓励创新和内部创业。

* 分拆可以防止非核心业务对品牌的冲淡和对关注度的稀释。

* 分拆可以为创造力提供一个出口，同时增加收入，或许也能提升两家公司的股价。

如图3-2所示，分拆过程包含三个阶段：

（1）决策阶段：包含所有导致分拆决定的因素；

（2）分离阶段：包含两个公司战略和组织结构的分离；

（3）分离后阶段：开始于母公司和分拆公司的独立运营，而两家公司不再有优先的协议或关系的时候结束。

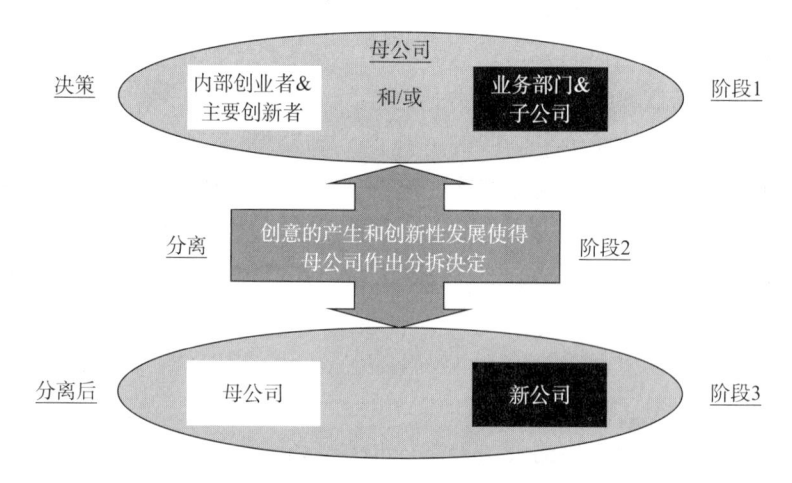

图3-2 分拆过程的关键部分

通过启动和释放一个关键的无形资产或项目，让其成为自我管理、预算和决策的实体，将其从大机构的繁文缛节中解放出来，分拆是收获和利用创新成果的有效方法。许多研究和实践都已经确认，在允许员工独立决策的管理方法与员工的表现和创造力之间，存在很强的关联性。

这种管理方式的最好例子就是美国热电公司（Thermo Electron）。该公司对于敢于承担风险的创新者的回报就是给他们提供机会,让有盈利潜力的研究项目可以分拆出去。这些有商业可行性的项目常常成立子公司,并进行上市。在20世纪80年代,美国热电公司有9个成功的分拆案例。这些新公司通常由引导研究的工程师或科学家负责管理。这种管理方式也为那些有创造力的员工提供升职机会,从而刺激创新。分拆公司也使得公司能够给予经理们股票期权,进一步刺激他们的创造力。这样,也能够招募到有才能而且愿意独挡一面的管理人员,并留住他们。美国热电公司成功的分拆战略使得它赢得了"风险投资控股公司""研发公司"以及"创意永动机"的称号。

Pervasive Software,就是一家从Novell公司分拆出来的公司,它从母公司分拆出来,是因为它觉得自己的潜力被忽视了。作为一家分离的公司,Pervasive Software的运营更像是一家初创企业。它的员工很少,预算不多,但成长很快,客户需求不断增长。公司允许管理层给予员工在项目上更多的自由和自主权。公司创造机会让员工都够"全身心地扎到项目中去",并让员工把自己更多地当成是一个企业家而不是部门雇员。当公司把更多的责任放在每个员工的肩头之时,新的管理结构收获的是增长的生产力、创新和更高的利润率。

另一个例子是VM Ware,它是2008年从数据储存巨头EMC中分拆出来的,目的是为EMC的股东释放出更多的价值,并帮助这个部门在急速增长的虚拟化软件行业吸引并留住人才。2004年,EMC收购VM Ware之时,它只有300名员工;而到了2007年,员工数达到了3000名。而到了2010年末,VM Ware的股价是89美元每股,市值达到了99亿美元,并拥有超过7000名员工。

还有第三个例子。1999年,麦当劳购买了位于丹佛的Chipotle 92%的股份,并与2006年初将其分拆出去,成为一家独立的公司。在分拆之时,Chipotle在全国有450家餐厅。到了2010年12月,其股价达到了惊人的238美元每股。公司市值为74亿美元,员工23000名,在美国和加拿大共有956家餐厅。

在释放股东价值和推动创新上,公司面临的压力正日益增长,因此分拆公司的趋势很可能会延续到21世纪10年代。而且,分拆也并不仅限于大型的公司。为了推动更有力的内部创业,获得更好的机会,那些中小型的公司、大学、政府机构,以及商会,都可以采用分拆和重组战略。非营利性机构,比如位于弗吉尼亚州亚历山大市的美国航空港职员联合会,就分拆了其技术资产,组建了营利性的分公司,以便收获机会,吸引第三方的投资者。

许多大型全球公司在创新型公司文化下采取内部创业的原则,都取得了巨大的成功。在美国的迪尔(Deere)、3M、IBM、惠普、施乐以及宝洁中,灌溉努力都已经取得了不错的成果，浇灌了许多高高的豆茎。有些公司在内部创业上取得了不错的成绩，他们开始为其他公司进行咨询。比如说，随着公司的外部创新客户群的不断增长，3M收购了其他的研发公司和设施。而其他公司也意识到，如果研发不是自己的核心优势，那么把创新过程外包给有良好的创新记录的专家会更有效率。

3M内部创业的七大支柱

尽管3M有超过100年的历史，但它依然是尖端创新的引领者。其依然是创新先锋和思想领袖与它的"创新七大支柱"是分不开的。下面是3M的七大核心理念。

（1）公司必须致力于创新。3M的研发支出证明了这一点。2008年，其在研发上的投入超过15亿美元，占其同年总收入240亿美元的近8%，这个比例不是一般的高。

（2）公司必须严格保持其创新文化。要让过去的光荣故事长久流传，比如，3M是如何发明世界上第一台录音磁带的。让新员工都沉浸在业绩文化和创新文化之中。

（3）拥有广泛的技术基础是很重要的；在开发新的和多种多样的技术时利用过去和现在的创新也很重要。

（4）内部的和外部的良好关系是非常重要的。内部的员工和外部的创新者之间的交流可以打破瓶颈，并提升获得建议和团队建设的机会。

（5）激励和报酬机制可以推动创新者更上一层楼。3M每个人都设立了独立的目标，并奖励那些有突出表现的员工。公司建立了两套职业晋升通道，这样资深的研究人员可以不用成为经理就能得到晋升。而对于每年的科学成果都会有一个正式的奖励过程。

（6）量化工作能够帮助公司发现每样产品中分别贡献了多少收入，并评估公司投入在研发上花的钱效果如何。

（7）研究必须以市场为基础。与其带着"如果你造出来了，客户自然就来了"的心态逆向开发，公司不如在市场需求的基础上进行创新。3M的便利贴相纸就是做了数码相片打印的相关需求研究，这种相纸可以粘在便利贴能粘的地方。

为什么内部创业在这么多公司都被忽略或被误解?

在大多数公司,管理和项目团队的成员都专注于"日常业务的普通工作",而没有去开发那些能够提升利润或品牌认知度的创意。阻碍内部创业的最常见问题包括:

* 缺乏时间(太忙);
* 缺乏上进心(太懒);
* 缺乏技能/专业知识(太无知);
* 缺乏远见(太专注于自己的小天地);
* 缺乏资源(太受资本约束);
* 缺乏领导力(上层太薄弱);
* 缺乏市场(太专注于技术领先)。

第四章
照料收获的果实：智慧资产管理（IAM）

闲置在数据库里的知识就好比冻在冷柜里的食品，最好的状态就是打开它。

——弗朗西丝·凯恩克罗斯（Frances Cairncross），
《未来的公司》（The Company of the Future）一书的作者

如果去问任何一个正在照料庄稼的农民或者正在设计未定名的新产品的首席执行官，他或她是否有合适的系统来管理其库存，这人一定会看着您，觉得您疯了。并且百分之百的，他们会反驳说："我们怎么可能没有合适的系统、程序和协议去保护、管理、追踪和分配我们的有形资产？"没有合适的系统属于严重的管理不善，也是管理人对股东所履行的信托义务的不负责。那么，为什么在这样一个由知识、品牌、技术诀窍以及无形资产驱动的社会，对这些尽管无法触及也无法感觉到，但显然对于诸如苹果、谷歌、IBM、3M、亚马逊、Netflix以及Priceline这样的公司来说占据其大部分市场份额的资产，我们没有对之施以同样的、合适的准则和义务呢？为什么在我们这样的发展时代，当无形资产成为营收、机遇和利润的首要驱动力，公司的领导者们不像对待其他资产一样来管理它们？

现金作为一种资产，我们身边有首席财务官、审计官、金融分析师、会计以及营业员来管理它。人才也是一种资产，我们有首席行政官、人力资源经理、人事专员以及干事来管理他们。但是，对于知识、品牌、系统、规约、程序、技术诀窍、技术示范、渠道、关系以及最佳实践范例这样的作物，在大多数组织结构里面我们没有设置相应的职位，也没有相应的体系去恰当地管理并从中提取价值。

一些"开明的"公司可能会设有首席知识官，但是这通常是指那些风光

第四章　照料收获的果实：智慧资产管理（IAM）

无限的 IT 高管，他们运用知识管理（Knowledge Management，KM）的一些原则去更好地管理和组织数据库，并可能用来收集内部的最佳实践例。而一些真正与时俱进的公司设有首席创新官，负责推动研发和激发具有创造力的文化氛围，但是他们通常是荣耀的人力资源师或者工程师，而这些人要么只懂得技术发展，要么只懂得人力资源业绩管理或者团队建设，却极少具备这两个领域的交叉知识，因此很可能缺少发展收获策略的经验。我们建立组织机构和在不同部门分配资源的运营方式好像仍然还停留在 1975 年，而不是眺望未来并且打造能应对 2015 年及此后形势的团队和经营模式。

每当我在世界各地的商业会议上演讲，面对各行各业大大小小的公司，我问他们是否设立了合适的 IAM 体系，典型的回应是一片茫然的眼神。有时候有几只手弱弱地举了起来，我又追问他们的 IAM 体系是否奏效并且创造出盈利机会，随后举起的手就更加寥寥。当我问到他们的组织机构是否有为适应未来的无形资产驱动型经济这一革命性的转型而进行重整的时候，他们看着我的眼神就好像我来自火星一样。并且，最后当我让他们列举公司里作为"CHIPPLE"（首席知识产权保护和运用主管）的名字，他们看着我的眼神就好像我来自金星一样。我可不觉得我的父母或者祖父母带有外星基因，所以我很肯定我不是那么没谱或者没治的人。作为公司领导者和代表股东对公司的资产进行受托管理的我们，怎么能继续完全无视对我们最重要的战略资产进行管理和运用呢？还有多久，才可能见到对公司董事会和领导人的起诉，状告他们对公司这一最为重要的资产的"严重管理不善和浪费"，从而让我们将智慧资产列为第一要素？

对于全球各行各业大大小小的企业来说，此时此刻，应当拿出时间和资源来部署一个有效的跨学科的、并便于我们适当地去培育、照料并且收获智慧资产的 IAM 体系，正如图 4-1 所示。作为公司的资产管家、监护人和受托人，经理们负有的基本义务和责任即是将这些资产价值最大化，尤其是在后萨班斯-奥克斯利法案❶的环境下。

---

❶ 该法案创始于 2002 年，由美国证券交易委员会（SEC）提交，经时任美国总统小布什签署，是继 Enron 公司和 WorldCom 公司曝出财务破产的丑闻之后的一部为消除企业欺诈和弊端的历史性典型法规）。——译者注

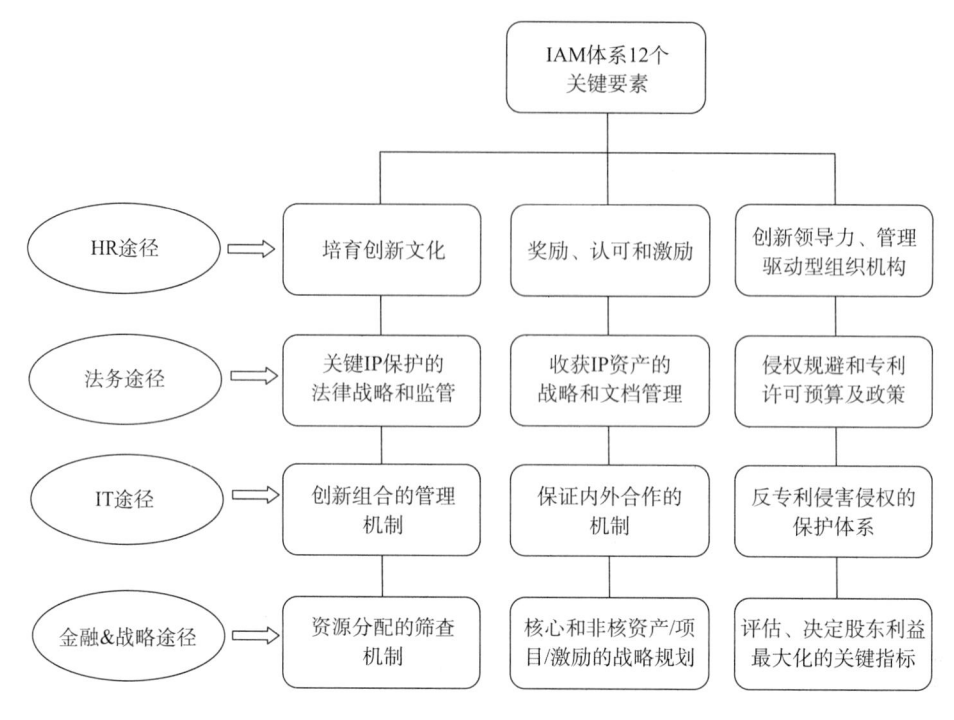

```
                            ┌─────────────────┐
                            │  IAM体系12个     │
                            │   关键要素       │
                            └─────────────────┘
                    ┌────────────┬────────────┬────────────┐
 ╭─────────╮     ┌──────────┐ ┌──────────┐ ┌──────────────┐
 │ HR途径  │ ⇒  │培育创新文化│ │奖励、认可 │ │创新领导力、管理│
 ╰─────────╯     └──────────┘ │  和激励   │ │驱动型组织机构 │
                              └──────────┘ └──────────────┘

 ╭─────────╮    ┌──────────┐ ┌──────────┐ ┌──────────┐
 │ 法务途径 │ ⇒ │关键IP保护的│ │收获IP资产的│ │侵权规避和专利│
 ╰─────────╯   │法律战略和监管│ │战略和文档管理│ │许可预算及政策│
               └──────────┘ └──────────┘ └──────────┘

 ╭─────────╮    ┌──────────┐ ┌──────────┐ ┌──────────┐
 │ IT途径  │ ⇒ │创新组合的管理│ │保证内外合作的│ │反专利侵害侵权│
 ╰─────────╯   │   机制    │ │   机制    │ │的保护体系 │
               └──────────┘ └──────────┘ └──────────┘

 ╭─────────────╮ ┌──────────┐ ┌──────────────┐ ┌──────────────┐
 │金融&战略途径 │⇒│资源分配的筛查│ │核心和非核资产/项目│ │评估、决定股东利益│
 ╰─────────────╯ │   机制    │ │/激励的战略规划  │ │最大化的关键指标 │
                 └──────────┘ └──────────────┘ └──────────────┘
```

图 4-1　IAM 的 12 个关键成功要素

什么是智慧资产管理？

　　IAM 是对公司所有智慧资产的创造、组织、确定优先级并从中获得利益的体系。公司的智慧资本和技术诀窍是其最宝贵的资产，它们为公司提供了更强的竞争优势，且是股东资产的主要推动力，尽管很少有公司设有足够且适当的人力、资源和体制来管理和运用这些资产。IAM 作为战略和竞争智慧的集成，也涉及对公司在市场特定发展方面的监管，例如：

　　＊收集直接的、间接的和潜在的竞争对手的情报。

　　＊关注国外的最新发展。

　　＊在不断变化的格局中始终保持领先（仅在美国，每月就有 20 000 件以上的新授权的专利）。

　　＊在国内外两方面维持专利许可协议和专利使用费的收益流。（例如，对专利使用费的审计可以防止漏报（对国外）和多付（对国内）。您打算付钱吗？您是否将费用付给了本不应该付的人？绩效标准达到了吗？您是和正确的人为伍吗？要加强现有的关系或者分销渠道，还可以做些什么呢？）

如表4-1所示,智慧资本包括多种不同类型的人力资本、智慧资产和关系资本。这些都是在各种经济形态下,驱动增长和令股东财富最大化的关键资产。

IAM体系还包括对该公司智慧资产所处的战略地位和在食物链中所处位置的理解。在过去30年中,商界形成了3种针对智慧资本的使用的战略观点。

(1) 传统观点。智慧资产提升了公司的竞争优势并且加强了公司在市场上维护其竞争地位的能力;智慧资产可被视作进入市场的障碍和保护市场份额的盾牌(被动的、消极的方式)。

(2) 当下观点。智慧资产不应当仅用于防御目的,也应当作为重要的资产和利润中心。即通过专利许可费和其他渠道与策略来变现和产生价值,前提是实践和资源可以用于那些发掘这些创利机会——特别是目前还在闲置的、尚未成为企业核心竞争力或者重点项目的智慧资产(积极的/系统的方式)。

(3) 未来观点。智慧资产是公司内部及围绕人力资本、结构/组织资本和客户/关系资本的商业战略的首要驱动力。需要建立并持续改善IAM体系,以确保智慧资产能够用于保护和保卫公司在国内外市场的战略地位,并通过资本效益模式来开拓新的市场、分销渠道和收入流,以使股东利益最大化(核心关注/战略性方式)。

表4-1 无形资产和知识产权的类型

有形资产	知识产权
* 现金和信贷额度	* 专利
* 厂房、库存和设备	* 版权
* 房地产	* 商标
* IT和通信资产	* 商业秘密
文化资产	* 商业外观
* 领导力和管理	* 商业流程(可专利的)
* 组织规范和习惯	**人力资产**
* 信任和廉正	* 在人员发展、精进以及岗位轮换方面的投资(职业路径和满意度挑战)
* 使命、远见和价值观	
* 沟通与目标设定	
* 问责制	* 员工技能和专长(竞争力和经验)
* 透明度	
* 奖惩机制	

＊决策机制 **关系资产** 　　＊公司声誉和内外部品牌形象 　　＊状态、价值定位以及在渠道伙伴关系的影响力（增值经销商、经销商、分销商、批发商、专营商） 　　＊供应商关系 　　＊顾客关系和品牌忠诚度 　　＊投资人/银行关系 　　＊合营/联盟伙伴 　　＊销售、市场及品牌战略 　　＊客户关系管理体系 　　＊Web 2.0和全网络的良好实践	＊特殊认证、奖励和业界认可、安全许可 　　＊团队功能与表现 　　＊承诺、动机、态度以及对机构价值的忠诚度 　　＊解决问题的能力 　　＊创造性和创新理念 　　＊资源获取的能力和机会 **实践和惯例资产** 　　＊技术诀窍及示范（编撰的手册、非正式的程序和工作规划的默认规则） 　　＊体系和程序 　　＊信息传输、流程和管理 　　＊最佳实践的认知、管理获取和交流 　　＊培训体系 　　＊应对管理或市场变化的能力 　　＊为全球市场的表现而调整实践的能力

　　无论大公司还是小公司，其首席执行官们和商业领导者们都对所犯严重的战略性错误常感歉疚，即未能有效地保护、挖掘和收获公司的知识产权，这在一些技术驱动型和顾客驱动型企业表现得尤为突出。在网络公司和Web 1.0蓬勃发展的1997~2001年，数十亿美元涌入风险投资和私募市场，而创业者们对于这笔钱的主要用途便是创造知识产权和无形资产。然而，10年过去了，新兴的和中等市场规模的公司却在将这些智慧资本变为新的收益流、利润中心以及市场机会上失败了，原因是注意力仅关注于公司的核心业务，或是由于缺少战略性远见和经验去开发和确定其他用途或销售渠道。

　　创业者以及发展型公司的领导者可能还缺少合适的工具来理解和分析公司的智慧资产的价值。正如本书第一章所讨论的那样，列弗教授发现只有15%

第四章 照料收获的果实：智慧资产管理（IAM）

的标准普尔 500 指数❶公司在财务报表中体现了其"真正的内在价值"。考虑到标准普尔 500 指数所包括的公司的资源，因此那些更小的公司，其无形资产很有可能被深深地掩藏了，并且对于私有公司这一数值可能低至 5%。试想，如果您打算最终卖掉您的公司（或者是和创业资本家或战略投资者合作投资），而您公司的 95% 的内在价值被丢在了桌上，想想这后果和机会成本吧！对于发展型企业而言，捕捉和真实反映公司隐藏价值方面的这一空白，凸显了对公司智慧资产组合进行法律和战略性分析的迫切需要。

应当说，公司总资产中有形资产和无形资产的比例反转是引人注目的。在 1978 年，一家典型标准普尔 500 指数公司的有形资产（例如，财产、厂房、设备和库存）占公司的总资产比例大约是 80%。到了 2002 年，这一数值已经降至总资产的 20%，并且还在继续下降，尤其是在这样一个以互联网为中心的虚拟世界中。今天，对于广大中小企业（SMEs）来说，无形资产和有形资产的比例甚至可以高达 8∶1 或 10∶1 程度。

智慧资本的收获是一个战略过程，首先需要由公司的管理团队和有资质的外部专家对公司的无形资产进行清算，以对资产在规模、广度和深度上有综合掌控。在这样一个时代里，上市公司的股东们对管理层和董事会充斥着不信任和不满，因此公司领导有义务向股东们揭示这些隐藏的价值并且利用公司资源将这些资产充分利用。公司的领导者们可能永远不知道他们的地下室里还藏着毕加索的大作，除非他们愿意花时间去逐一盘点并且有一支合格的智慧资本清点队伍能，准确区分是毕加索大作还是幼童稚笔。一旦这些资产被有效发掘，则必须建立一套 IAM 体系以确保对这些资产的公开交流和战略性管理。这时，公司便处于战略计划过程中的一环，需要去决策如何将这些资产转化为利润收入流和能够提升和保护股东利益的新机遇。IAM 体系可以帮助成长型公司，以确保准确识别和敏锐捕捉到战略发展机遇并收获新的收益流和市场。

陶氏化学（Dow Chenical）正是这样一家能够专注聚焦于智慧资本并以此获得更高效率和更大利润的公司。该公司每年花在研发上的投入超过 10 亿美元，并且拥有 4000 多名研发人员。该公司拥有 25 000 件专利，每年需要花费 3000 万美元来维持。通过建立和使用 IAM 体系，陶氏化学成功地将智慧资产整合于其经营战略之中。它们的第一步是深入调查其现有模式，搞清楚哪些是合适的，哪些还存在缺陷。然后，该公司建立起一支全责全职管理团队，负责开发和实施能够使企业智慧资本最大化的运营模式。

---

❶ 标准普尔指数是记录美国 500 家上市公司的一个股票指数，由标准普尔公司创建并维护。——译者注

这一过程包括5个阶段：组合、分类、谋略、估值和竞争审核、投资。在陶氏化学，每一件专利的价值都能得到确认，设有支出中心负责活跃专利的维护，建立负责专利盈利的运营小组，并且每件专利都会被确认是正在使用还是可能会在将来使用。陶氏化学的智慧资产经理们和IAM团队因此能够认识到智慧资产组合中的空白地带，由此他们得以在新专利上投资，通过放弃不再有用的专利减少支出，通过专利许可来获利或通过捐赠专利给慈善机构以此来获取税减优惠。陶氏化学的智慧资产管理方法，尤其是在专利上的模式，使得其在整个专利生命周期上的维持费减少了4000万美元，其中仅是第一年的费用便减少了100万美元。此外，该公司的许可费收入从1994年的2500万美元增长到2004年的1.25亿美元，而到了2009年更是超过了1.5亿美元，而当年的研发总支出则是16亿美元。

陶氏化学的IAM战略，同样可运用于任何其他产品和服务，在此我们将这一战略总结于图4-2中。

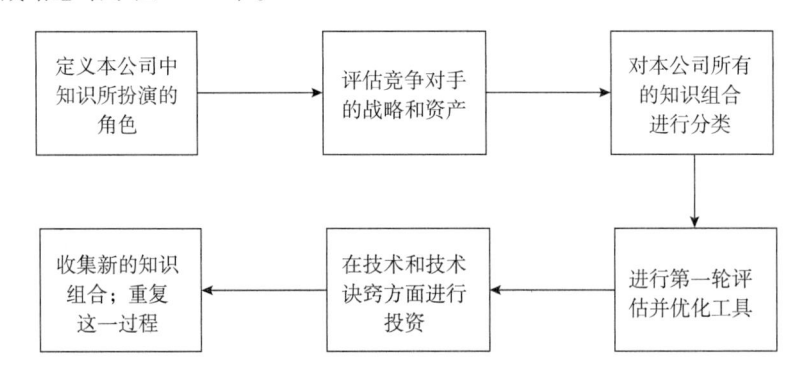

图4-2 IAM战略评估过程

我们还可以从兰克施乐学习他们的经验，兰克施乐是由施乐控股80%的销售公司，该公司在内部对销售人员进行了"最佳实践"评议。团队成员收集有价值的全球销售数据，并按国家进行对比。几周后，兰克施乐从中选出各国销售人员表现优异的8个案例。施乐研究这些销售分部的（例如，法国和瑞士的）最佳实践，并将其作为内部销售课的标准例。在实地考察每个标准例的业务具体运行方式之后，团队编写一本书用于向各国的销售和服务经理们介绍每个标准例，例如他们的销售版图比之如何、最佳销售团队如何体系化运作的。在实施了最佳实践体系之后，兰克施乐的销售额超过预设计划5个百分点。

另一家建立了IAM体系并挖掘、收集、组织和分享员工智慧从而赚到了的企业是雪佛龙（Chevron）。该公司前首席执行官肯尼思·T.德尔（Kenneth

T. Derr），致力于在公司上下通过分享和管理知识建立学习型组织，这成为该公司每年运营支出减少20亿美元的关键之一。类似的，英国电信公司也获益匪浅，该公司的销售团队利用新知识管理体系所产生的简报信息在新业务上创造了大约15亿美元的价值。

智慧资产管理体系的战略收益

＊员工奖励、留用和激励。当企业能培养员工、欣赏员工并奖励其创新和创造性贡献时，员工将更加忠诚，生产率也将更高。

＊提升顾客忠诚度。如果公司将智力资源用于创造更好的产品和服务并以此提升顾客的生活，并成为这一领域的公认的思想领导者，则可以提升公司的品牌。

＊更好的收益问责制度。通过建立问责制度和内部对研发预算及由此可能产生的有形结果的分配的掌控，IAM体系帮助官员和老总们履行了其对股东负有的受托义务。

＊加强风险管理项目。IAM体系可以帮助企业减少侵权风险，提升智慧资产遵守文件提交期限的准确性以保护和保存公司的无形资产，并提升企业对无形资产的内部操作和关注意识（通过培训）。

＊提升竞争优势。IAM体系通过优化推广新产品和服务，使得企业比其现在的和潜在的对手领先一步，从而提升了市场准入的门槛和壁垒。

＊更多盈利的财务表现。IAM体系揭开了隐藏的和未充分展现的无形资产并将其转化为可盈利的收益流，从而帮助提升股东整体收益。

＊改进运作效率。IAM体系帮助领导们更好地管理并将研究和创新计划及其预算列为更优先的事项，从而建立更好的决策机制、更强的渠道和更准确的内外部财报以及运作控制。

建设一个有效的智慧资产管理体系

在过去的一些年里，很多全球解决方案供应商转向来研究如何使IAM过程自动化。这些软件可以帮助人们方便地进行知识管理、沟通交流、合作、进度报告、资源配置、外部顾问管理、侵权分析、知识产权部门营运报告、预算、运营计划、基准方案和参数、奖励和认证项目、研究与分析、培训与教育工具以及各种相关报告。选择供应商，要保证能够制定一份基于您公司的需求来量身定做的征求建议书（RFP），并且能够与您已经拥有的其他系统相辅相成。拜访重要的利益相关方以及这些软件和系统未来的使用者，以确定他们真正的日常需求，从而保证您不会将钱花在那些没必要的、不能充分利用的功能上。

一些供应商提供基本的智慧资产产权管理（IAPM）包，专注于案件管理，且能简化公司与其外部律师关于各种首次或后续提交文件的状态和期限更新以及沟通事项。随着您的知识产权组合的不断增加，您也会希望至少拥有这样一个体系。但是基本的案件管理软件是成长期和成熟期的公司都需要具备的最低要求，且也仅限于定点或定时提供您的无形资产"库存"状况报告。智慧资产耕耘应当拥有更具活力、更强大和更具前瞻性的系统来增加股东的财富并发掘新机遇。这样的系统才更有可能便于跨职能的头脑风暴、预算、合作、项目意识、资源配置、货币化战略、发明申报管理和评估、竞争情报工具、专利许可交易多付款（国内/国外）、侵权分析以及摸底，不仅能确保机会最大化，而且能帮您避免重复劳动或者资源分配不当，还能减少耗资巨大的诉讼风险。

在为公司选择供应商以及一套有效的系统时，应做尽职调查，与其他已购买该系统的公司的相关人员进行交流（例如，福特（Ford）、微软、3M、霍尼韦尔、思科、IBM、宝洁以及通用（GM）），并在官网阅读一些点评以及评价供应商和系统的白皮书，例如IAM杂志的官网（www.iam-magazine）、IPMall（www.ipmall.info）以及CIO杂志（www.cio.com）。

下面列出的是在本领域表现活跃的供应商，并且其官方网页也提供了他们的系统特点介绍以及您在决策时应当考虑的一些标准：

* SAP（www.sap.com）；
* Delphion（www.delphion.com）；
* Lecorpio（www.lecorpio.com）；
* MindMatters（www.us-mindmatters.com）；
* Anaqua（www.anaqua.com）；
* AIM-Harpoon（www.aim-harpoon.com）；
* Artesia Technologies（www.atresia.com）。

在购置任何关键软件系统时，您决策应当考虑的变量和指标包括：价格、服务与支持、培训、数据迁移、安全性和保护、易于接触和使用、具有移动应用程序、与其他系统的一致性和兼容性、更新成本、供应商的稳定性和信誉、客户应用、故障排除、稳定性和系统停机、全球使用和语言选择、IT支持员工的要求（除了为供应商所付出的成本之外）、数据存储容量、项目管理功能、多种浏览器支持功能、安装和实施的时间、可扩展性、数据架构、硬件成本、检索和汇报功能、托管系统（而不是内置式系统），以及，当然，那些"无形资产们"——您创意非凡的创新者们是否对您的选择感到"充满活力和满意"呢？

对于 IAM 的体系分析，以及其他相关的资源，您也许希望访问下列这些成员推动的组织的网页：

* 国际知识产权研究会（www.iipi.org）；
* 知识产权所有人协会（www.ipo.org）；
* 美国知识产权法律协会（www.aipla.org）；
* 世界知识产权组织（www.wipo.org）；
* 许可贸易工作者协会（www.les.org）；
* 国际商标协会（www.inta.org）；
* 全国高校发明人和创新者联盟（NCIIA）（www.nciia.org）。

关于这些组织的更多信息和其他资源可参见本书附录部分的资源索引。

如果要对您当前的 IAM 体系实践进行战略性评估，应当询问下列问题。

* 当前的 IAM 体系、程序和团队是怎样的？
* 这些系统是何时、如何建立的？
* 公司内部由谁负责管理这些系统并为此承担责任？
* 对公司目前内外部的交流和合作而言，怎样的系统才是足够的？
* 怎样的创意/技术–收获筛选和程序对于当下的创新决策分析（例如，是否继续前进、预算分配以及时间表）才是合适的？
* 为了创建更好的 IAM 体系实践和程序，什么才是横亘在这条路上的真正的和可以感知到的内部（政治、繁文缛节、预算流程、组织架构）和/或外部的（市场条件、技术前沿的最新发展变化、竞争对手的战略）障碍？
* 要清除或者减少这些障碍，可以做些什么呢？

进行知识产权（IP）审计

要创建有效的 IAM 体系，第一步应当是进行一次 IP 审计，审计交由外部法务和策略顾问执行，内部研发和创新团队人员配合其工作。IP 审计是一个跨学科的综合过程，需要对公司所有的知识产权进行数据收集并清点库存，以便对此进行合适并且有利的管理和利用。

IP 审计还可以包括一种竞争性的评估，即对本公司所拥有的与其直接的、间接的以及可能遇到的竞争公司相关的智慧资产的力度和深度的评估。这种全面的竞争性的评估对于可预期的资本重组或者合并/收购交易尤为关键，这将可能成为尽职调查评估中的文化资产事项。

此外，IP 审计可以成为决策未来研发投入和品牌预算的分配的有益工具，尤其是对于那些正在失去竞争地位或者在其 IP 组合方面有明显漏洞和弱点的公司而言。随着智慧资产耕耘者的不断成熟，他/她的智慧资产库存应当愈加强大和深入，而不是愈发肤浅。只有这样才能保护公司的市场地位并在管理与客户、供应商及渠道伙伴的关系的时候继续传播和维护公司的品牌、声誉、信用以及价值观。

IP 审计包括 7 个主要阶段，从收集数据到制定政策和程序。每个阶段都有一系列广泛的议题和事项需要重点指出，这取决于审计的结果以及整体的 IP 目标。这 7 个阶段是：

(1) 清点 IP 库存。公司拥有哪些类型的无形资产？

(2) 整理 IP 资产。公司是否应当创建数据库/跟踪机制以及机构的核心业务模式？

(3) 确认/澄清 IP 所有权。公司是否已经恰当地拥有或者许可使用对于公司核心业务模型至关重要的知识产权？

(4) 检验 IP 法律保护和顺应性。公司的 IP 资产是否已按照国际的、联邦的和州的立法得以恰当地登记注册和保护？

(5) 评估 IP 政策和程序。公司现行的涉及内外部利益相关方的政策及操作和指南，是否能够确保对 IP 资产的恰当保护和使用？

(6) 考量 IP 转化策略。如何将公司的 IP 资产转化为新机遇和收益流？

(7) 评估 IP 权利行使。公司是否注意到了任何对其 IP 资产的侵权行为？公司有何诉讼策略来应对？

适当的 IAM 体系辅以战略规划过程将能帮助您和您的团队发掘新的增长机会。关键问题包括：

* 哪些专利、系统和技术具有非相互竞争性的应用，因此可以许可给第三方以创造新的收益流、合资经营或合伙机遇、分销渠道，或利润中心？

* 哪些品牌适合衍生出扩展许可或者合作品牌的机遇？

* 如果公司对渠道拥有更大的控制权或向渠道提供了额外的支持与服务，哪些经销渠道或合伙机遇可以得到加强？

* 公司的竞争对手采取了哪些不同的增长和扩张战略？为什么？

* 公司目前的许可和结盟关系中，还存在哪些战略性的/操作性的空白？

从图 4-3 可见，战略规划过程有助于区分不同的可保护的知识产权类型以及将其转化为新机遇的方法。

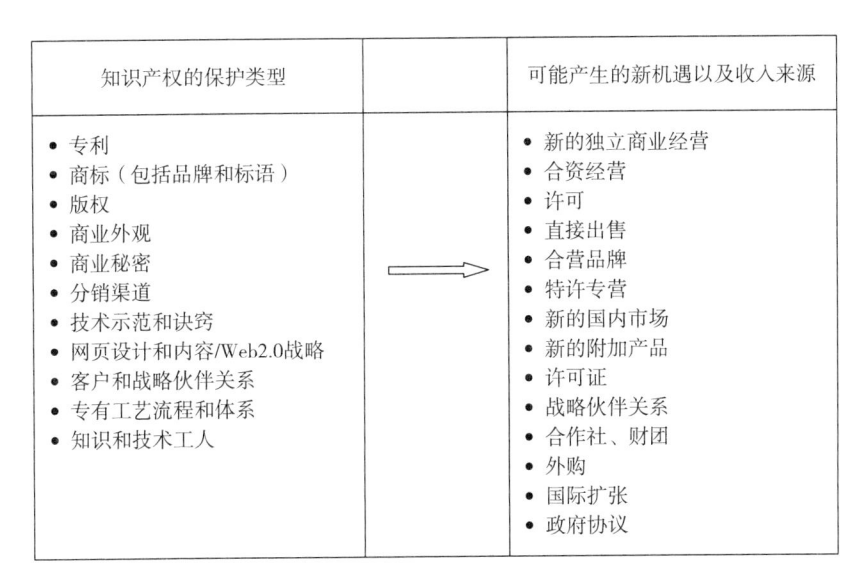

第四章　照料收获的果实：智慧资产管理（IAM）

知识产权的保护类型	可能产生的新机遇以及收入来源
• 专利 • 商标（包括品牌和标语） • 版权 • 商业外观 • 商业秘密 • 分销渠道 • 技术示范和诀窍 • 网页设计和内容/Web2.0战略 • 客户和战略伙伴关系 • 专有工艺流程和体系 • 知识和技术工人	• 新的独立商业经营 • 合资经营 • 许可 • 直接出售 • 合营品牌 • 特许专营 • 新的国内市场 • 新的附加产品 • 许可证 • 战略伙伴关系 • 合作社、财团 • 外购 • 国际扩张 • 政府协议

图 4-3　从知识产权中收获收入来源和增长机遇

测评创新成果

全世界的公司领导者都对其股东们负有法定的义务，要说明每年的研发预算支出产生了怎样的回报。很多文章提到了如何（以及是否）对创新进行测评。哪些创新要素可以量化测评，而哪些却难以评估？在何种情形下、何种程度上，哪些指标比其他指标更相关？

创新指标很难仅用量化方式去定义和追踪。最近最流行的测评创新的方式是投资回报率（ROI），但问题在于它并不能揭示营收是否盈利，也不能说明它能否为创新打开新天地。简而言之，这种测评创新的方法不能告诉人们产品是否能真正地、直接地或间接地影响成本底线。

另一问题在于几乎所有的指标都要在付出时间与努力之后及时进行回顾。智慧资产耕耘需要更好的工具、指标、服务以及过滤器，以便用来有效地预测结果并避免重大失误。很多工具和指标可以用于制定一套股东价值驱动的内部方法，并以此确保创新预算得以恰当地执行并且有效地收获资产，如图 4-4 所示。

金融工具	IP法律工具	客户工具
• 创收 • 增薪/利润改善和提升 • 收入流的持久性 • PRPI（创新者盈利） • 无形资产回报率	• 新授权专利数 • 新注册品牌数 • 新登记版权数 **研发工具** • 成功的探索数量（突破vs.增长） • 从测试版到投入市场的比例（ABC比率） • 研发联盟的效率 • 市场分析的时间 • 延长产品的生命周期	• 新客户数量 • 深化和拓展现有客户关系（以及通过客户用户组合咨询委员会等进行更活跃的干预） • 提升客户满意度和忠诚度 • 潜在客户转化率 • 售后支持

市场工具	信息工具	HR工具
• 提升市场份额 • 提高准入门槛 • 改进和提升品牌知名度/价值 • 强化创新型企业员工的定位	• IAM体系 • 整体IT效率及知识管理/最佳实践 • CRM❶体系的改进 **关系工具** • 加强与渠道伙伴的关系 • 强化投资和借贷关系（资本市场导师） • 供应链效率	• 提升员工忠诚度和满意度（减少流失） • 提升员工生产效率和积极性 • 组织结构精简和问责制度（首席创新办） • 技术和科学咨询委员会（外部/内部）

图4-4 测评成功和价值提升的工具

并且，如果采用与产品的持续研发一样的方式去测评创新，将是非常低效的。公司往往在选择合适的创新指标上经验有限。指标可能会是片面的，例如在跟进专利的提交时往往会忽略不可专利的一些创新点。一些特定的指标还可能会起到误导作用，比如创意管理措施产生的创意数量。公司需要关注的应是数量—质量的平衡，而不是只看重数量。

---

❶ CRM：Customer Relationship Management，即客户关系管理。——译者注

测评创新的关键量化指标

一系列策略性的金融指标作为测评创新效果的基础广为使用（见图 4-5），包括：

* 新产品带来的收入增长。这是业内领先的公司使用最广的一个指标。该指标的建立是基于业务设定的战略目标和对公司如何实现其增长目标的理解。

* 提交专利。这是一个日趋流行的指标，在高科技及医药以外的很多公司亦广为滥用。专利只是可保护的知识产权的其中一种形式，并且许多公司关注这种保护的法律层面更甚于商业方面。

* 创意提交及其流程。经过创意管理系统的创意为提交项的数量和质量提供了看得见的参考点。

指标	百分比
客户对产品/服务的满意度	61.9%
研发投入占收入的百分比	47.1%
来自新产品/服务的收入/销售额/毛利率的百分比	44.4%
新产品/服务投入市场的时间	44.3%
交叉作业团队的使用	44.2%
建立的创新计划的数量	43.7%
收入增长（逐年）	42.4%
履行订单周期	41.7%
新产品/服务实现盈利的时间	40.9%
对确定的业务范畴/机会的平均反应时间	40.7%
准时交付	40.5%
客户保有	40.2%
关键客户购买额的增长率	40.2%
客户数量的增长率	39.4%
成本削减	39.0%
新产品/服务的投资回报率	38.8%
员工满意度	38.4%
客户对下单、调度和交付的满意度	37.8%
利润增长（逐年）	36.5%
员工生产力（每位全职员工贡献的营收）	36.1%
构成销售量80%的产品/服务的百分比	35.1%
构成销售量80%的新产品/服务的百分比	34.0%
专利数量	33.0%

图 4-5 前 23 项创新测评指标

* 创新能力。公司测评创新能力一般使用调查工具，例如创新气氛量表或其他定性测评工具，以此来判断公司是否变得更具创新性。

最终，有效的 IAM 体系和创新指标必须能促进和提升股东的财富，典型地表现在以下方面。

* 创造高利润的收入流（通过许可、特许经营和结盟）。

* 将品牌塑造成目标市场的创新者。

* 向市场提供一流的、最好的和最快的/先机之利。

* 为竞争设立真实的、持久的和可持续的壁垒（对更好的、更智能的创新的承诺；政府批准的合约、专利和审批手续［FDA❶］）

* 为新产品和服务以及创新产品及服务构建更强的渠道（新市场的动力/吸引力）。

* 建设忠实而高效的员工队伍，他们把奖励视作期望和内创业的职业/自主机遇。

* 赢得业界、贸易团体和学术界的尊重与钦佩。

* 与客户、卖方、供应商、渠道伙伴建立更具活力和更深入的战略关系（提升忠诚度并降低流动/流失率）。

* 提高招募和挽留技术最佳且最具创意员工的能力。

* 从合伙、结盟及收购创造的协作与研发效率中获利。

* 打造致力于创新、技术发展、整体社会效益和生活方式改善（通用的"创造更美好的生活"的理念）的领导团队和管理体系。

* 将得到的创新成果与组织的战略目标和宗旨相结合（研发/创新组合的调整）。

---

❶ FDA：US Food and Drug Administration authority，美国食品药物监督管理局。——译者注

第五章
构筑保护地盘的围墙：建立法律战略

> 向不可靠的人吐露秘密，就好像扛着用破袋子装的粮食去集市。
>
> ——非洲谚语

农民和牧民在他们的地盘上筑起围栏来划定他们的财产范围，防止有人侵入来偷庄稼，也可以防止自家的牲畜跑出地盘。围栏在这里用来保护他们的财产并告诉外人边界线。在无形资产、知识以及信息驱动的当今社会，知识产权法就好像是虚拟的围栏。我们用这些法律向世界宣告，哪些无形资产属于我们以及界定侵权的界线划在哪里。作为一种策略、政策以及公共道德行为，我们选择筑起高高的钢筋混凝土围墙，而不是能从外面就能看见里面的、很容易就能进来的铁丝围栏或者木制栅栏围栏。我们的预算限制、我们对无形资产持有的态度、在收获无形资产方面的专业程度和经验以及我们所拥有的库存资产的规模和范围，这些都是决定应筑起何种类型的围墙来保护自身资产的相关变量。

智慧资本耕耘者应当效仿我们的农民兄弟在200年前的选择。我是否应该跟其他农民兄弟分享自家独有的最佳实践例、技术诀窍、体系、规约、工具、网络、关系、方法、渠道以及策略？还是我应该把这些财富也悄悄地藏起来秘而不宣？如果我选择与众人共享，那么是否要收取报酬并建立一定的运行模式？作为顾问指导？作为培训导师？作为卖方？作为许可人？作为特许经营商？作为合营或结盟伙伴？作为购买方？这些知识诀窍在怎样的程度上真正提供了对其他农民的竞争优势？如果它确实有效，那是否适用于各类农民？还是只对我的直接竞争对手有用？在哪种程度上，这些知识或最佳实践例可以对其他领域的人也有用？我是否可在农业领域外通过商业运作来销售和许可这些知识？在国内其他市场、甚至国外？

这些关键问题一直未变，只是随着时间推移，"作物"已悄然演变。如何种植土豆和番茄的决策还在继续，但今天存在于最大的全球战略显微镜下的商

IP 收获无形资产

品作物是知识,这在很多不同方面已经展现出来。各行各业大大小小的公司,从早期创业者到中端市场羚羊型企业及至成熟的全球大财团,都需直面同样的问题:作为智慧资产的耕耘者,我们播种并收获我们的智慧资产,如何才能变得更加有效和高效?什么才是保护我们地盘的最好的围栏?

那么,什么是紧要问题?为什么您应当关注那些能影响自身智慧资产保护的法律动态和策略?请思考下列数据(无论您在围栏内还是在围栏外)。

* 每年,在美国提起的专利侵权诉讼在 3000 起左右,比 15 年前案件平均数的两倍还要多。

* 根据美国知识产权法协会(AIPLA)2010 年的报告,在美国,专利侵权的平均花费(每件案子,每一方)在 300 万~1000 万美元,并且案件周期可长达 5 年,如果一方提起上诉,将会拖更久。商标诉讼和其他 IP 相关的争端的花费在 100 万~200 万美元,取决于在专家证人、市场调查及其他用于举证商标被淡化、混淆和损害方面的花费。

* 今天,假冒仿造成为全球共同应对的事项——因其在世界范围内无数产业快速蔓延。据估计,从 20 世纪 90 年代早期以来,售卖假冒伪造货品的销售额增长了 4 倍还多,而在此期间合法制售的商品销售额仅增长了 50%。根据美国联邦调查局(FBI)2009 年的报告,每年假冒伪造给美国公司带来的损失在 2 亿~5 亿美元。假冒伪造的商品占全球贸易份额 5%~7%,因此 FBI 称假冒伪造为"21 世纪之罪"也绝非夸大其词。

* 2002 年(有数据可查的最近的年份),美国司法部报告了 8254 件与窃取知识产权相关的民事案件。这一数字尚不包括在州一级层面提交的数以万计盗用或违反保密协议或不竞争约定的案件。在竞争激烈而又面临经济衰退的时代,商业间谍和窃贼事件显著增加,因此您采取的保护智慧资产举措和您作出的"围栏孔径"的大小等决策,将在法律、战略以及财政方面对您公司的未来增长和发展方向产生重要影响。

* 根据诉讼风险管理公司的一项研究表明,2009 年,美国有超过 5000 家企业每月在知识产权诉讼方面耗资 5 万~10 万美元不等。这其中的有些支出可以通过智慧资本侵权保险政策得以报销(如果您能得到的话),而很多花费只能是企业自掏腰包。

您的公司可选择的围栏类型有很多,从战略角度来说各有利弊。需要注意的是,没有一种是最佳的或者最正确的选择。每家公司都必须从自身出发考虑选择合适类型的围栏才能最好地为利益相关方服务,例如,从 Linux 选择的开放性架构平台到微软采用的严密保护编码,从围绕可口可乐的保密配方建造的高大的钢筋混凝土式围墙到以社会为导向的透明的维基百科。如何划界取决于

第五章 构筑保护地盘的围墙：建立法律战略

公司领导层，并需要内部律师和外部律师事务所共同工作来选择合适的法律战略，既能驱动股东财富增长又能确保未来能及时获得丰收。您对合法拥有的（并且选择行使权利的）知识产权恰当的保护水平将对您的业务模式、价格策略、渠道忠诚度、品牌技术许可能力以及利润率产生直接影响。并且，您的IP保护和收获策略也会随着市场条件和技术发展的变化而调整。下文所附柯达的故事正是佐证这一现实的精彩案例。

伊士曼柯达：广筑围墙的传奇

很难想象一家公司能够像伊士曼柯达那样，在过去的20年里如此频繁地改变他们的保护围墙。这家130年的公司缔造了一段传奇历史——在胶片影像领域保持统治地位长达百年以上，其在全球范围内备受推崇的品牌和技术作为围墙带来了其85%的收入和100%的高利润率。然而几乎一夜之间，数字技术浪潮汹涌来袭，几乎任何时候绝大部分人都拎着多功能的数码相机而不是胶片相机，于是到了21世纪前10年初期，柯达迅速地走向衰退。

柯达开始寻求建立新的产品线——尽管一些人说已经为时太晚——从2006年起他们开始专注于消费者和家庭打印机产业，但是这一领域竞争激烈，柯达直到2012年或2013年才开始实现盈利。因此，伴随着该公司主要产品（相机胶片）的日渐式微，新产品又面临激烈的价格战，此时对公司来说最有价值的资产，是公司持有的数字媒体专利——可以作为收入和利润来源。这些重新发现的早期围墙不仅仅是作为产生利润和增长股东财富的盾牌，更可以当作进攻利器。并且，事实上，柯达在2009年与三星和LG达成诉讼和解，分别获得5.5亿美元和4亿美元的赔偿——这可着实是个大丰收！

2010年6月，柯达宣布将致力于建造一种不同的围墙，它厌倦了大量的官司费用以及潜在地给公众造成公司是专利"雄狮"的负面印象，决定转而扮演专利奶牛进行专利许可业务。柯达首席执行官彭安东 Antonio Perez 决定将重心转移到知识产权许可上来，以此作为公司主要的收入和利润源，主要关注点落在柯达握有的众多数字媒体专利方面，尽管与此同时柯达仍将努力从竞争激烈的家用打印机和Prosper系列打印机上分一杯羹，新的计划是将目标瞄准出版社和目录制作商，向其销售高端印刷机，每单售价可达150万~400万美元不等——正可谓高端又昂贵的产品，其瞄上了既窄且不断缩小的市场。唯有时间能告诉我们这一业务转型和战略重心调整是否有效，但显然柯达作为将近140年历史的智慧资本耕耘者，不会坐以待毙，仍将奋力一搏。

知识产权的法务管理

一般地，企业知识产权的法律和战略管理可以分为下列几种主要类型。

＊构思与发展：在项目早期即采取措施以确保在企业和员工（或外部承包商/顾问）两个层面都有合适的保护。

＊审查与登记：在国内及全球范围内在政府机构提交申请以获得知识产权的所有权。

＊专利地图和竞争情报：采取措施，一方面防止来自第三方的侵权指控，另一方面用来界定排他范围及公司可从其无形资产中获得的竞争优势。

＊维持与行使权利：采取措施并建立合适的体系来确保知识产权资产被恰当地维持，登记以保持有效法律状态，并采取积极的措施去起诉侵权人。关键点在于在行使公司权利时应当积极主动，否则可能会白白损失了权利或者因为不够主动和自满自足导致权利削损。正如著名的足球教练温斯·隆巴迪（Vince Lombardi）的名言——"最好的防守就是进攻"。

＊交易和盈利：法务部门和/或外部顾问作为商业团队的战略联络员负责知识产权，采取措施推动交易和盈利活动，例如在第八章讨论的内容。

法务预算的分配

智慧资本耕耘者必须对如何、在哪儿分配法务和 IAM 体系的预算进行关键的战略决策。一些人倾向保护核心，其他人倾向于倚重新思路和创新链。监控法务费用的分配十分重要，这里所说分配是指在提交新 IP 申请、全球诉讼开支、IP 侵权管理成本（作为原告或者被告），以及与智慧资本丰收和变现战略有关的 IP 交易花费之间的分配。图 5-1 所示的饼状图展现了不同预算和决策的方式。

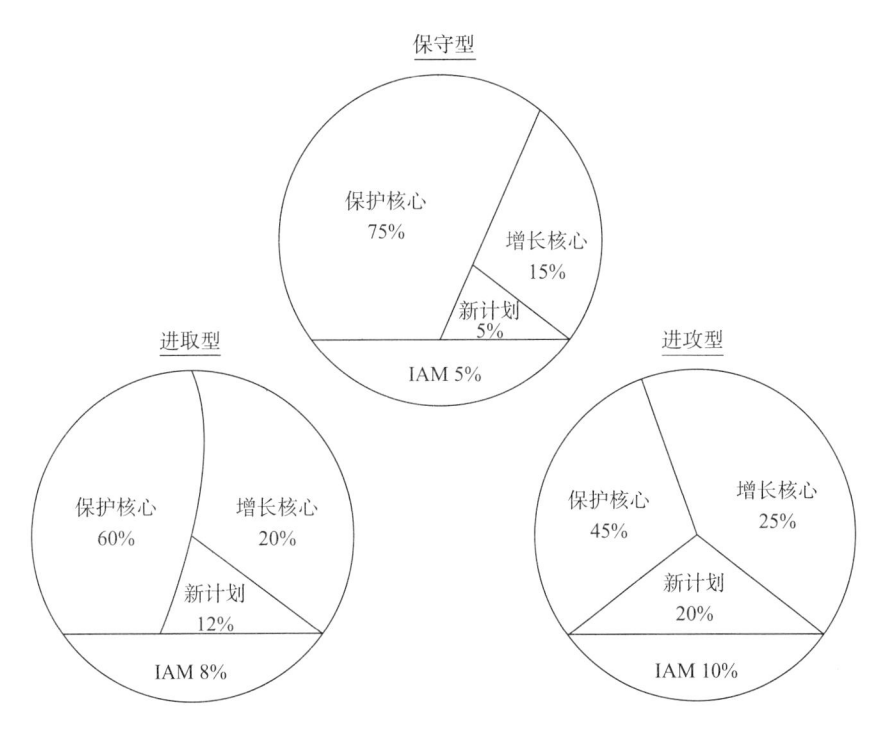

第五章　构筑保护地盘的围墙：建立法律战略

保守型

保护核心 75%
增长核心 15%
新计划 5%
IAM 5%

进取型

保护核心 60%
增长核心 20%
新计划 12%
IAM 8%

进攻型

保护核心 45%
增长核心 25%
新计划 20%
IAM 10%

图 5-1　IP 保护法务预算的不同方式

理解知识产权法

知识产权法深深地根植于美国的法律体系。专利和版权在美国宪法第八部分第 I 条即加以阐释。美国的建国领袖们明显意识到财产既可以是有形的，也可以是无形的，无论是哪种都值得去保护。美国是世界上少数几个在宪法中明确提出知识产权法的国家之一。是因为建国领袖们如此睿智，洞悉这些资产在 200 多年后成为我们经济的关键战略驱动者吗？还是他们作为农民、发明者和企业家，本就知道这一永恒的主题——要保护并收获自己的财产，不管是有形还是无形？

图 5-2 描绘了美国（正如其他许多国家一样）知识产权包含的不同分支，下一节内容则简单介绍了美国知识产权法律体系。[关于知识产权法律的更加具体的一些讨论，可参见我的另一本书《特许经营与许可：在任何经济中扩展业务的两种有效途径》（Franchising and Licensing: Two Powerful Ways to Grow Your Business in Any Economy），第八章，第四版，美国管理协会出版（AMACOM，2011）]

IP 收获无形资产

知识产权法律分支

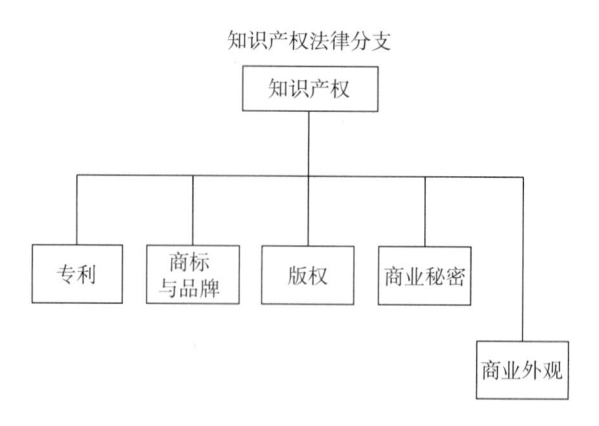

图 5-2 知识产权包含的分支

专　利

专利赋予发明人在一定期限内排除他人在美国境内制造、使用、销售或许诺销售其发明或从外国进口该发明到美国的权利。为了获得专利，首先必须向美国专利商标局（USPTO）提交一份申请。作为智慧资本的耕耘者，您对专利的使用可以是防守型的，也可以是攻击型的——既可以作为围栏圈定地盘或市场份额，也可以用作武器攻击其他可能侵犯您地盘的人。专利也可以作为战略性工具通过许可使用创造新的收益流，还可以通过交叉许可或专利池获得其他技术的使用权。如果主张的发明主题在美国的有效申请日一年之前，在美国❶被任何人，包括发明人自己，公开使用或销售，那么该发明将不能获得专利权。或者，如果主张的发明主题在美国的有效申请日一年之前，被任何人在世界任何地方已获得专利权，那么也该发明也不能在美国获得专利权。

目前，美国提供4种专利类型的保护。

（1）实用专利。这是4种专利类型中最常见的一种。实用专利对新颖而实用的程序、机器、产品，或物质的组成，及其新颖而实用的改进提供自申请日起20年的保护期限。

（2）外观设计专利。外观设计专利用于保护包含在或应用于产品上的可

---

❶ 请读者注意，2011年9月16日起，根据美国发明法案（AIA），新颖性判定标准中对"公开使用和销售"的地理范围从"美国"改为"美国和其他国家"，此处阐述系根据旧法，见35. U.S.C. 102（a）。——译者注

视装饰性设计，而非其实用性特点，专利保护期限为自专利授权之日起 14 年❶。

（3）植物专利。这是 4 种专利类型中最不常见的一种，这类专利用来保护无性繁殖方式获得的特定植物新品种，专利保护期限为自提交申请之日起 20 年。

（4）商业方法专利。这类专利主张对披露的新颖商业方法的权利。商业方法可以定义为对经济企业任何方面的经营方法。在过去数年中，无数法院诉讼围绕商业方法专利的适格性而展开。在很多年里，USPTO 对于"商业方法"的可专利性持否定态度。但是，随着互联网的不断发展，电子商务方法被视作是新颖且可获得专利的，而且去判断一种计算机执行的发明是技术发明还是商业发明也不切实际。20 世纪 90 年代末期，美国联邦第九巡回上诉法院在里程碑式的案件 *State Street Bank v. Signature Financial Group*❷ 一案中，肯定了新的商业方法的可专利性。在这一案件中，法院判定后者的"辐射式"共同基金管理方式无效。

一般而言，专利申请和审批登记程序可能持续 2～5 年不等并且成本不菲。因此，在申请专利之前，智慧资本耕耘者应当战略性地分析支出和收益，来判定排除他人制造、使用或销售该发明的收益是否超过了提出、维护和保护专利所花费的巨资。为此分析，您应当考虑的一些内容有：

* 市场的主要趋势。

* 资本市场的主要趋势。

* 该发明的预期商业价值。

* 获得专利的实付开支，包括法律费用、广告费、市场以及更新费用。

* 该发明与竞争对手和战略联盟伙伴所拥有的专利和非专利技术的接近程度。

* 在专利获批后的排他期限内充分发掘利用这一发明的能力。

* 完成专利申请程序后，未来 2～5 年内该发明的市场价值和商业用途。

* 是否有足够战略途径保护该发明，例如商业秘密法。

商标和服务标记

商标和服务标记是指用于识别和区分不同公司的产品或服务，以及表明

---

❶ 请读者注意，为适应加入《外观设计海牙协定》的要求，自 2015 年 5 月 13 日起，美国专利法中外观设计专利保护期限改为 15 年，见 35. U. S. C. 173。——译者注

❷ 为方便读者检索具体案例，本章所有案例均保留其英文原文。——译者注

产品或服务产地的词语、名称、符号或器具。产品的商标，比较典型地会应用于产品本身，或在产品的容器或标签上展示，又或者与产品关联展示。服务标记则用在各类服务的销售和广告上，一般出现在广告活动和宣传材料中。

传统观点认为，商标应当清晰、一致并能反映核心价值，而且随时更新活动、口号和信息。英特尔在20多年里只专注于一件事——其电脑芯片提供的计算速度——然而GEICO❶在过去这些年却展现了多样的品牌战略。在2011年早期，GEICO同时发起4个不同品牌的运动（gecko、caveman、money pole with bulging eyes 以及 Rod Serling lookalike），这些运动有娱乐性但潜在地也可能让公司的目标受众感到混乱。标志也可以注册为商标（例如，壳牌石油的贝壳或是麦当劳的金色拱门图案），产品的设计也是如此，例如其构型、包装、颜色、气味、声音，或其运输容器。广告活动的用语，像"牛肉在哪儿"（Wendy's❷）或"出门别忘带上它"（美国运通❸），这些用语如此流行，因此也属于商标保护的标语范畴。

标记的种类

不是所有的词汇或短语都可以作为商标或服务标记加以保护。标记的一个基本要求便是，能表明产品或服务来自特定提供者。可以保护的标记一般得是独创性的、臆想性的、任意性的和暗示性的。通用的标记一般不受到保护，而仅对产品或服务进行描述而不能展示出所要求的特点或"第二含义"的标记也可能不予保护。

独创性、臆想性或任意性。这是可保护的商标类型中最强势的类型。这类标记可以是独创的词汇，例如Exxon一词，或是虽为普通词汇但对其应用的产品和服务来说是没有意义的，例如Dove之于清洁剂或沐浴露或者Apple之于电脑。这些标记天生独特，能很容易地将公司的产品或服务与对手的区别开来。

暗示性。暗示性标记要求消费者运用一些想象力来识别它所代表的产品或服务，这是第二明显的可保护的标记类型。这类标记的所有者并不需要建立第

---

❶ 美国第四大汽车保险公司。——译者注
❷ 美国快餐连锁集团，该口号系其汉堡广告所用。——译者注
❸ 美国运通是国际上最大的旅游服务及综合性财务、金融投资及信息处理的全球公司，在信用卡、旅行支票、旅游、财务计划及国际银行业占领先地位，该口号是其信用卡广告用语。——译者注

二含义。例如，Coppertone❶ 之于防晒油，Whirlpool❷ 之于家电，以及海之鸡❸之于金枪鱼。

描述性。仅对产品或服务进行描述的标记不能获得保护，除非生产者能证明其标记具有所要求的独特性。这就要求证明公众能够将标记与特定生产者的产品或服务联系起来（所谓的"第二含义"）。这一类型包括尽管只是描述性的但仍因为具有独特性而可以登记注册的那些标记（例如，Holiday Inn 之于旅馆，Weight Watchers 之于减肥中心，或是 Soft Soap 之于洗手液）。

版　　权

版权保护的法律依据见于美国宪法，宪法赋权国会立法来赋予作者对其作品在一定期限内的排他权利，从而促进科技和文艺的进步。版权法一直是法律的"热点"地带，在跟上科技进步的节拍与保护作者、艺术家、音乐家、导演以及其他靠出售自己作品或数据作为主要收入来源的人的权利之间挣扎不休。

国会基于宪法赋予的权利，颁布了版权法令，该法令为所有"固定在有形的表现媒介上的作者的原创作品"提供保护。这一定义不仅包括文学作品，也包括图像、图表以及雕刻作品。

版权所有者享有的保护

该法令赋予版权所有者的下列排他权利：
* 复制版权作品。
* 创作版权作品的衍生作品。
* 发行版权作品的复制品。
* 公开表演版权作品。
* 公开展出版权作品。

违反任一排他权利即视为对所有者版权的侵犯。

版权保护的仅是想法的表达，而不是想法本身。也就是说，版权保护的仅是作者落在实处的想法的原创劳动，而不是作者潜在的抽象的想法或者观点。一旦可获版权保护的作品以有形的方式被创作出来，即自动享有联邦的版权保

---

❶ 即防晒油。——译者注
❷ 即涡轮。——译者注
❸ 原文为"Chicken of the Sea"。——译者注

护，并可以转让或许可给其他人。

雇佣作品

作品的作者通常是版权的所有者。然而，代表他人创作的作品，可以视作"雇佣作品"。法令对"雇佣作品"定义如下：

* 雇员在其受雇范围内所制作的作品。
* 经特约或委托的作品，用来作为集体作品的创作部分，作为电影或其他音像作品的一个组成部分，作为译文、补充作品、编辑作品、教学课文、试题、试题解答材料或地图集，"如各方以签署的书面文件明示同意则该作品应视为雇佣作品。"

因此，"雇佣作品"必须是由"雇员"或这里所列狭窄范围的情形创作的。对于独立贡献者的协议，如果受托完成的作品落入上列狭窄范围，则该协议必须明确写明各方都同意根据版权法令将作品作为"雇佣作品"且版权为委托方所有。缺少这样的明确表示的书面协议，则作品的版权将被视为是其创作者的，而不是付钱购买创作的人的。

汇编作品

根据"汇编作品"的概念，智慧资本耕耘者也可以对他们汇编一系列作品的努力主张特定权利，尽管这些作品是其他人创作的。为登记汇编作品的版权，则主张人必须确保：（1）其具有使用和演绎他人创作的材料的许可，包括材料由他人创作但进行改编的情形；（2）在汇编作品中，由他们自身原创的部分已展现出足够的加工从而足以获得版权保护。

汇编作品的版权保护仅限于汇编者新增的原创部分的内容（例如，付出了"血汗"创作的"并非是微不足道的、而是可以区别的那部分"内容）而不是原先已经拥有版权的那些材料。一般来说，编者在汇编作品中创作的那部分内容或在汇编时选择文章、材料或其他版权作品的酌处，或是对选定的汇编材料确定展示顺序（例如，创造出"最好的"或"最重要的"文章汇编），这些都足以构成"作者原创"来登记汇编作品的版权。为了获得版权，汇编作品不能侵权，意味着必须取得使用本质内容或"被汇编"作品作者的许可。

商业秘密

智慧资本耕耘者相对于其竞争者的优势在很大程度上是通过其商业秘密或专有信息来获得和建立的。企业的商业秘密一般包括保密的配方、食谱、商业范式和计划、愿景清单、定价方式、市场和分销技巧、关键员工数据、系统、程序、培训手册、渠道转载、合作伙伴统计以及客户信息。

并非所有的想法和观点都被认为是商业秘密。法院为符合商业秘密保护的信息制定了3个一般性的标准。

* 信息必须具有商业价值。
* 信息绝不能广为人知或为他人所易得。
* 信息的所有者必须采取所有合理措施来保密。为取得商业秘密的法律保护，企业必须推行合理而连贯的计划来确保信息的秘密性。

然而，除上述3个标准以外，法庭在判定为商业秘密提供何种程度的保护时，还有许多其他因素需要考虑。这其中最常见的有以下因素。

* 企业外部认识知晓信息的情况。
* 企业采取的保护秘密的措施。
* 信息对其所有者的价值，包括创造信息所用的资料。
* 其他人复制或通过"反向工程"获得技术所需付出的努力。
* 商业秘密所有者与被诉侵权人/过失方的关系。

商业秘密的保护一般通过履行义务或签署协议进行——因为当独有的信息与并不担负为您保守秘密的第三方所共享时，需要签署保密或不公开协议。在美国，商业秘密的保护主要由州立法层面进行，而各州的法庭裁决也不尽相同。然而，几乎每个州都通过法律明确窃取或未经授权散播商业秘密是违法行为。在联邦层面，根据商业间谍法案，窃取商业秘密也将施以刑事处罚。这类案件多发生于一家公司的高管离职而跳槽到竞争对手时，例如2010年马克·赫德（Mark Hurd）离开惠普转投甲骨文（Oracle），这类诉讼常常指证或推定特定专有信息随着当事人的离开也被其带走。

商业外观

商业外观一般指产品或其包装的整体形象和设计，也包括饭店或百货商场的内部装饰甚至是网页的导航和设计。商业外观包括建筑的外部特征、内部设计、招牌、制服、产品包装以及类似的用来塑造品牌意识并能将公司的产品及服务区别于其他公司的特征。如果产品和服务的呈列方式、包装和"外观"的特征组合是非功能性的且独一无二的，这样的商业外观就可享有保护。商业外观权是通过切实而连贯的使用以及消费者对于这种特征的认可识别来建立的，在州和联邦层面都不需要注册程序。

例如，在1992年的Taco Cabana International, Inc. v. Two Pesos, Inc. 一案

中，联邦最高法院证实，陪审团确认下列饭店装饰的组合为可保护的商业外观：

* 内部和天井就餐区的摆件、亮丽配色、绘画和壁画装饰。
* 将内部和天井区封闭起来的空中车库门设计。
* 采用顶部边缘色块和霓虹彩条的色彩搭配营造的外部节庆装饰。
* 色彩明亮的遮阳篷和伞。
* 设于外墙斜角处的点餐柜台，并与餐食准备区及取餐区保持电子讯息交流。
* 消费者能看得见烹饪和加工设备的餐食准备区。
* 在内部用餐区靠近取餐处放置的调料架。

这一案例及其他类似案例都建议，对于非功能性的系统组成、设计过程、协议和商业操作策略都加以保护。

这种商业模式可持续吗？

那些积极行使其智慧资本权利并成功防范他人侵犯其资产的公司，在全球享有声誉。但这一战略能否走得更远？是否密集围栏或高墙防御在短期内对其效率有益但长期来看会对股东利益造成损害？近年来，德州仪器（Texas Instruments）在专利诉讼和专利许可方面的成果令人印象深刻，得益于践行谨慎执行策略，该公司从诉讼和解和专利许可中每年获净利超过 10 亿美元。在一些年里，该公司通过这部分资源获得的收益甚至超过了产品销售的净收入。这令人侧目，但也很危险。当诉讼收益超过创新的收入，这可能是公司未来落败的开始。是的，我们必须勤于筑墙，但这种围墙不能取代产品和服务的推陈出新，而后者才是企业的经营要旨。

第六章
区分精华和糟粕：准备好投入市场的作物

  一个新的想法是非常脆弱的。它可能被一声耻笑或一个呵欠扼杀，可能被一句嘲讽刺中身亡，或者因某位权威人士皱一下眉头便郁郁而终。

——查尔斯·布劳尔（Charles Browder）

  在全球智慧资产运营领域内，为何有那么多效率低下的耕耘者，而效率高的耕耘者却寥寥无几？为何企业、政府、高校、非政府组织（NGO）及贸易协会不能在它们的智慧资产过时或无效前做得更好以从中获益？为何这么多的农作物腐烂了却未能为股东增值？为何仅有如此之少的农作物能进入市场？为何这么多的全球智慧资产仍然放置在某人的文件柜或办公桌抽屉里，存在某人的硬盘中，或者仅存在某人的头脑中，却没有希望被发表、接受、利用和享受？我们很容易把原因归咎于繁文缛节、公司政治、地盘争夺战、战略重点转移、缺乏远见、缩减预算或文化忽视，把这些作为未充分利用全球智慧资产的借口，尽管这些原因可能在很多情况下的确是创新和妙想的拦路虎或者减速带。但的确还有深层次的原因——企业的思维局限、盲点、机构自满、组织能力低，使其难以认识或理解资产本身和它所具有的信托责任，即能够让股东从中合理获益的责任。

  如果我们知道谁是全球更好的智慧资产耕耘者（杜邦、谷歌、陶氏化学、IBM、3M、苹果），那么为何我们其他人不能学习它们最先进的经验、策略、文化、惯例、习惯和途径呢？为何仅有少数企业能够常规地将来自员工、合作伙伴和顾客的构想转换成可持续的收益流、新的市场和利润中心？成功的农民使用了什么样的过程、规范和战略筛选才能从平庸的农民中脱颖而出，取得竞争优势？使用了什么系统进行资源分配、预算编制、资金研发？什么样的构想筛选程序使得这些耕耘者比他们的竞争对手更成功？你的公司如何能够通过使用类似的工具、种子、灌溉、花费、农药，以产生更多的产品，获得更多效益？如果资金是肥料，那么在研发、创新预算和资源分配过程中，是以何种方式和哪些地点进行分撒的？

最佳实践与常见失误

为何只有极少数企业能够成功地从它们的智慧资产中为股东获取价值，而大多数企业却不能呢？如何能够让各种规模的企业在任何情况下，都能更好地优化他们的创新组合，实现更好的创新投资回报？这里有一些最佳实践和常见失误供参考：

（1）智慧资产的收获应当主动而不被动，应当是战略性的而不是顺其自然的，应当鼓励而不是打压。谷歌拥有完善的创新文化，员工的创新是受到奖励的，而在创新过程中玩忽职守的行为是会受到惩罚的。在谷歌，公司领导和管理者鼓励创新，但是他们重视人际能力胜过技术能力，认为可及性比权威性更重要。企业领导是导师和教练，而不是发号施令者和事必躬亲者。在星巴克，霍华德·舒尔茨（Howard Schultz）采取了更积极主动的策略，试图通过重新定义品牌、商业模式和客户价值主张来重返连锁业的鼎盛时期。他认识到这一点，正是因为一些办法在过去行之有效，并不意味着在将来也一定奏效。停滞和自满是创新和成长的敌人。

（2）智慧资产的收获应当经过长期的思考、策划和实施。在2009年经济衰退的最严重时，世界上最大的那些企业每18个月更换一次领导，导致无法启动一项创新议程或者对优先事项和资源分配指出明确的战略方向。创新是一场马拉松而不是短跑，企业和他们的领导者必须要耐心坚持并将目光放长远。有价值的事情难以在一夜之间实现。

（3）企业应当对智慧资产的资料收集、文献整理和制度编纂等方面进行投资。对很多企业来说，并没有很好地整理归纳和妥善管理那些可以帮助他们成功的技术诀窍、技术示范、工艺流程、操作系统和技术知识。企业内部最佳实践应当在工作场所广泛传播，而不仅仅是收集和编写操作手册或者作为培训项目。人们似乎对最差实践和失败案例的"制度记忆"比最佳实践和成功案例更深。每晚当员工离开公司大楼时，知识也就离开了这个场所，而一部分知识再也不会回来。

面对这个问题，诺斯洛普·格鲁门公司的空战机构 ACS 决定建立一个知

第六章 区分精华和糟粕：准备好投入市场的作物

识管理程序专门收集锁在员工头脑中的潜在知识、技术诀窍和实际经验。❶ 由于市场需求的变化和预期裁员，该机构的 B‑2 轰炸机项目正在逐步收缩，诺斯洛普·格鲁门公司 ACS 正面临失去宝贵知识和专业技能的隐患，而这些知识和技能是在未来几年支持和维护其复杂的载人飞机和货运飞机所需要的。因此，ACS 实施该程序来确认重要的专家并获取他们的知识。

一项调查表明，75% 的员工认为他们在产品的创作、研发和市场化工作中积累的知识是非常重要或比较重要的。更重要的是，51% 的人认为 ACS 员工的大脑是最佳实践和经验教训的主要来源，而 16% 的人认为是电子文档，13% 的人表示是电子邮件，另外 13% 的人认为是电子知识库，只有 7% 的人说是纸质文档。❷

近乎一半的员工每周至少花费 8 小时用来寻找工作中需要的信息，知识管理不善导致 ACS 每年支出大约 1.5 亿美元。基于这些发现，ACS 提出了一个三管齐下的策略去关注人才、流程和技术，包括基于网络的信息收集网站和可以使用专家姓名、专业领域和产品进行检索的数据库。在公司人员稳定后，诺斯洛普·格鲁门公司开始使用该系统来增加创新和提升客户响应速度，而不是作为保存知识的手段。

（4）企业选择实施项目必须摆脱裙带关系和任人唯亲。马里兰大学史密斯商学院创新与创业专业教授奥利弗·施雷克（Olive Schlake）曾表示："宠物项目就像是有九条命的猫一样的资源消耗——它们几乎不可能停止并且总是出现在家门口。"整个程序必须是客观的，并且能够与总体商业战略（而不是个人计划）一致，从而充分优化创新组合。智慧资产耕耘者必须把这些程序落实到位，从而形成公正的评审团队，他们能够使用客观和公开的标准，审查和筛选来确定哪些项目进入下一个层级、哪些可以搁置、哪些可以向外部发展、哪些应当放弃。

（5）新产品或服务曲线必须正确地绘制在风险/回报矩阵图上。智慧资产耕耘者需要建立一个精确的客户/市场/产品影响因子矩阵，该矩阵的范围可以是从低风险/易接受的一端变化到高风险/难理解的另一端。该矩阵的绘制将有助于作出有关营销活动、时间表、资源和分销渠道的决定。如果一个产品很难证明其价值并且被认为是全新的和高风险的，那么它将有一个很低的初始试用率。一个实例就是赛格威（Segway）电动平衡车，尽管现在它们广泛地应用在购物中心、机场安检和城市旅游，但在 20 世纪 90 年代却经历了很长的接受

---

❶❷ 诺斯洛普·格鲁门公司的知识管理，梅根·桑托斯（Megan Santosus），2001 年 9 月 1 日，网址：http://www.cio.com/article/30418/Knowledge Mangement_ at_ Northrop_ Grumman。——译者注

期。相比之下,低风险的产品或服务,或者只是增量式的创新(例如,亚马逊决定开始销售玩具和音乐或者Visa卡引进品牌认同卡),则易于测试,易于理解,也易于被消费者接受。

有效耕耘理论的"现实考验"

每年,全球范围内的上市公司、私人企业、政府机关、大学、贸易协会、基金会、个人发明家、研究实验室和专业社团在研发方面的支出约有1万亿美元。但是所有这些支出又展现出什么样的收入、利润和创新呢?我们如何缩小支出和收入之间的差距?如果我们不尽快缩小差距,这些资金会无限期地投入吗?在2009年的研发支出中,美国的排名由第一降至第五,如果研究无法获益来提升股东价值或者使捐赠者满意,排名还可能会进一步下跌。USPTO估计,美国的知识产权价值超过5万亿美元,但我们却功亏一篑,未通过商品化和货币化来收获这些资产,从而提升股东价值和社会价值。那么在智慧资产的培训和收获方面,是哪些原因导致企业或者组织的成败?让我们来看看对于能否成为有效耕耘者构成"现实考验"的那些问题吧。

* 在企业内部,智慧资产创造和货币化的作用和重要性是什么?在董事会和首席执行官的优先考虑事项和紧要计划中,它们处于什么位置?它们是真的受到重视吗?还是就安排在没有窗户的办公室里,再雇用一些资源匮乏的研究人员,而却从不给他们提供适合的工具及支持以使战略创新的环境变得更好?

* 从企业内部现实的视角来看,什么是公司或组织实际的创新能力?它把重点放在招募和奖励能够进行突破性创新或渐进性创新的团队上吗?员工真的觉得创新(而不是仅仅维持现状)是他们工作内容的一个重要组成部分吗?

* 从企业外部现实的视角来看,通过创新可以真正地获得什么样的竞争优势?企业的行业和市场目标是以"应声虫""复制猫""跟屁虫""侵权者"和"懒鬼"为主,而使其更容易搭上行业列车,而不是突破这些吗?消费者是要求创新作为消费条件,还是他们像产品提供者一样自满?自满会给生产者和消费者双方带来什么样的风险?

* 资源状况如何?有没有获得种植和收获一片创新的庄稼所需的资源?如果有,应该如何进行项目的筛选和资源分配,从而提升和最大化股东价值?如果没有,哪里可以找到?有什么样的资本市场、战略合作伙伴、资本或非资本资源的政府和基础信息来源,可以用来作为战略选择?

第六章 区分精华和糟粕：准备好投入市场的作物

* 企业的成长阶段、经济的发展趋势、产品和服务的周期、一时的风尚、消费者的忠诚度和渠道实力如何融入企业整体的智慧资产运营战略？如果企业致力于创新，当你准备收获时，客户和市场仍然是乐意接受的吗？还是他们已经与你的企业擦身而过，使你在时间上输给了市场或产品寿命周期？当公司的水果和蔬菜已经准备好上餐桌时能够满足消费者的欲求吗？在特定的行业中，市场化的时间点和速度标准有多大关联度？

* 企业是否已经建立了能够恰当地激励各个层级的员工具有创新意识，能够在没有公司政治和繁文缛节影响的跨部门团队中工作的文化？

* 企业是否已经开发了如图6-1所示的内部系统，这个系统是为该企业和行业量身打造的，能够带来新的产品、服务和思想成果。从构思到产品发布再到盈利的过程是漫长而烦琐的，这一过程有很多步骤。每一步既体现了提升股东价值的机会，也潜伏着创新计划失败的风险。

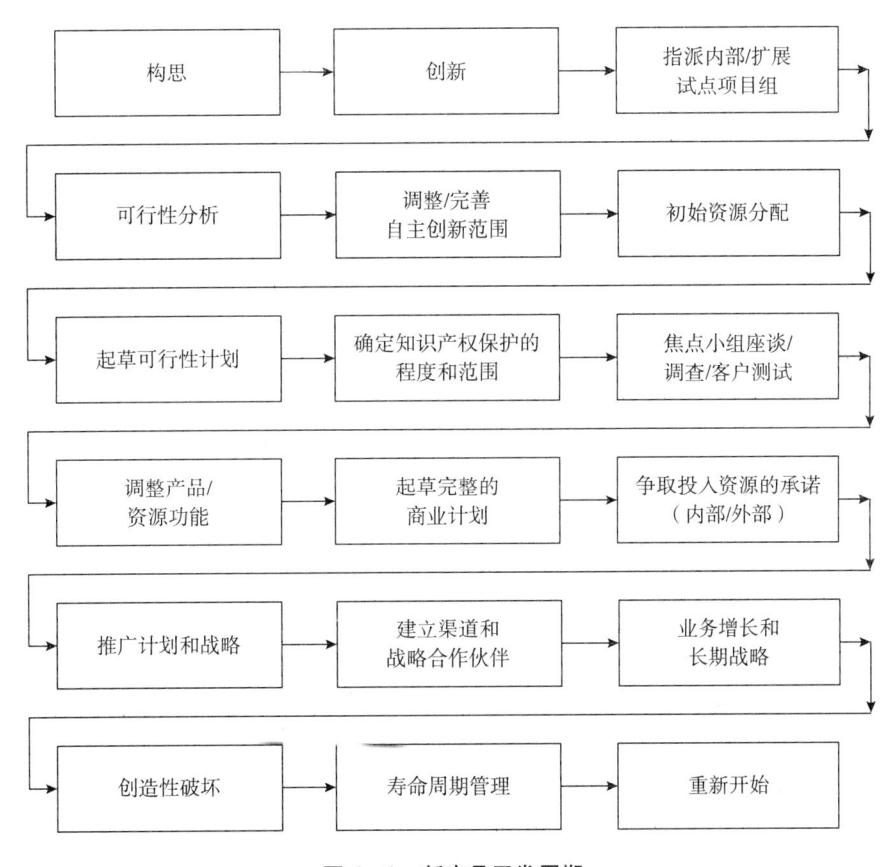

构思 → 创新 → 指派内部/扩展试点项目组

可行性分析 → 调整/完善自主创新范围 → 初始资源分配

起草可行性计划 → 确定知识产权保护的程度和范围 → 焦点小组座谈/调查/客户测试

调整产品/资源功能 → 起草完整的商业计划 → 争取投入资源的承诺（内部/外部）

推广计划和战略 → 建立渠道和战略合作伙伴 → 业务增长和长期战略

创造性破坏 → 寿命周期管理 → 重新开始

图6-1 新产品开发周期

IP 收获无形资产

发明人行为特征

另一个能够影响如何以及为什么一些企业比大多数其他企业收获更多智慧资产的关键变量,我喜欢称之为"发明人行为特征"。作为智慧资产耕耘者不是在没人想买新的或者旧的仍然可以用的情况下,打造一个更好的捕鼠器。托马斯·爱迪生(Thomas Edison),近代最务实的发明家,他的发明永远专注于围绕消费者的需求和实际的产品,而不仅仅是纯粹的发明。科学和学术同行们的"噢"和"啊",可能会助长你的虚荣心,但他们不会让你的钱包鼓起来。

一个多世纪以前,爱迪生曾经说过:"总有办法把事情做得更好。找到它。"他恪守这条原则。爱迪生的大多数发明都是对现有技术的改进。尽管被称为灯泡的发明者,但他实际上并没有发明第一个灯泡。而是发明了第一个实用的白炽灯。爱迪生的这项发明是建立在3/4个世纪时期内许多发明家的基础上的,他和他的团队,作为专注的智慧资产耕耘者,是从发明一种更耐用的灯泡开始着手工作的。

从爱迪生的信念和行动中学到的另一个经验是将人才、创意和环境恰当地结合在一起,就能常态化地诞生发明。在爱迪生时代,人们普遍认为,不可能去计划发明什么东西;发明之举只能是孤独的天才所为。爱迪生证明他们是错的。他表明,在一个开放和协调的环境中,以建立有价值的市场产品为目的,把拥有各种各样技能的人才聚合在一起工作,就可以产生改变世界的发明。事实上,在位于新泽西州门洛帕克的发明工厂,爱迪生和他的200名员工设定的目标是每10天一个小发明,每6个月一个大发明。将研发转化为真正的创新,将头脑风暴的创新转化为能够获益的产品、服务、新市场和利润中心,我们必须是爱迪生式的耕耘者。爱迪生式的耕耘者具有下述特征。

* 具有坚定的信念,能够持之以恒地学习、质疑、思考、提问、实践和传授。

* 拥有健康的心态,能够漠视常规,但尊重历史。

* 认真倾听客户、渠道、战略合作伙伴和供应商的意见,以了解市场真正的需求(以及他们会为哪些需求埋单)。

* 一旦新产品或服务上市,懂得如何从消费者购买的意愿中区分他们的兴趣点:是新的产品或服务还是新的特性或功能。

* 以创新为获益手段,并推动社会进步,在资本主义和利他行为之间取得良性的平衡。

* 在技术改进、创新和激励他人这样做时,从不抱着理所当然和自满的

第六章 区分精华和糟粕：准备好投入市场的作物

态度。

* 打造具有不同背景和技能，但有一致目标和卓越动机的团队。

* 克服影响创新成功的 12 种不利因素，如图 6-2 所示。创新过程的每个阶段都要面临不利因素和潜在的风险，比如损害、破坏或者脱轨。图 6-2 中表示了最常见的不利因素和障碍。

预算	时间	有色眼镜
自身利益	缺乏信誉/记录	防御
悲观	知识/专长	自满
政治因素	CYA综合征	竞争

图 6-2　影响成功收获知识产权的 12 种不利因素

引领者与先驱者

要成为一名成功的智慧资产耕耘者，你不需要发明或（改造）耕作过程。你可能需要找到新的流程、时间表和系统来微调你的工艺。你需要精通灌溉、翻耕、耕作、施肥和培育土壤。你需要知道市场需求什么，价格是多少，你要多久才能得到你的产品。在整个过程中，会有足够的空间进行有关方法、渠道和其他形式的增量创新。但即使是那些被视为真正的先驱者也极少"发明"他们所销售的产品。霍华德·舒尔茨并没有发明咖啡，但他重新定义了价值观，帮助我们感觉良好地喝 5 美元一杯的星冰乐。弗雷德·史密斯（Fred Smith）并没有发明邮件投递，但他引领了轴辐式物流网络的商业模式，使我们能够一夜之间收到快递。许多先驱者失败是因为他们过于超前于需求或产品接受的曲线，而其他人意识到他们的先发优势随着时间推移已逐渐被削弱，于是利用先驱者发现的机会，并汲取先驱者早期错误的教训，成为更重要的角色。随着在位者惰性和技术的跨越式发展涌入这些先驱者空空如也的领地，先驱者过去在经验和渠道抢占方面享有的优势开始消退。在许多情况下，先行者被抛在从他们所开展的研究和所犯的错误中得到教益的后来者扬起的尘埃之后。比较一下谷歌的成功与雅虎（Yahoo）的成功，或比较 AOL 或移动研究公司（RIM）的成功与摩托罗拉或诺基亚的成功，就可以看到这一点。然而，其他先行者，如 Netflix、蒂凡尼公司（Tiffany）和诺德斯特龙百货（Nordstrom），它们似乎依然兴旺发达，并未受到模仿者和竞争对手的撼动或影响。

当一个智慧资产耕耘者选择在新产品开发和上市战略上成为一名真正的先驱者时，必须考虑许多因素，主要包括以下方面。

* **客户特征**：价格敏感度、消费模式、对待风险的态度、转换到新产品的成本、现有替代品的忠诚度、目标市场需求寿命的统计。

* **产品特点**：清晰的价值观、真实和可感知的益处、有限市场与大众市场的吸引力、渠道冲突、新产品实际或潜在的替代品的价格、产品类别的生命周期。

* **竞争环境和市场**：当前经济状况、"快速追随者"进入市场的预期时间、进入壁垒、有竞争力的"替代品"的可获得性、新产品推出后的竞争力和市场影响力的预期反应。

* **知识产权**：知识产权战略的选择、品牌的力量和独特性、自营渠道、专利保护的程度和权利要求范围、反向工程和山寨、侵权诉讼的成功率、现有附属品牌的忠诚度，合作协议中的具体条款。

从试验项目到开发计划，再到从中盈利

从长远来看，几乎所有卓有成效的、有组织的成功都始于一个火花、一个构想、一种解决方案、一个愿景或者一种新的思维方式，经过筛选和过滤后，成长为一种可持续的、持久的能够盈利的产品，从而实现股东价值。这些新兴企业必须跨过它们过去在市场上前所未见的关键转折点，这些转折点会因企业和机构的差异而有所不同。

一些企业已经有正规并且集中的研发部门，所有新的想法必须经过测试和分析。有些企业的研发单位根据部门和业务职能进行划分，有些企业的研发是随意无组织的，有些企业的研发拆分到实验组、团队、跨部门工作组或者"温室"、有些企业的研发则在位于异地的"科研重地"。一些企业依靠顾问、合作伙伴，甚至通过外包来获得新创意和建立新创企业。其他公司，如思科和甲骨文，则依靠并购、战略投资和企业风险投资讨论，作为激励新想法的渠道。

宝洁的未来工程创业机构一直在推行一个行之有效的项目，这个项目始于 2008 年，它致力于收获和维持创新性和创造性的机会，否则这些机会就会被扼杀在全球企业集团的壁垒中。未来工程计划已经推出了汰渍（Tide）干洗店，并于 2009 年开始特许经营。目前，未来工程已经拥有了 80 万的 Facebook

粉丝和数百万的忠实客户，它为汰渍品牌分析了多种利用智慧资本的机会，这些早期的举措开创了良好的开端。未来工程的另一个计划是朗白先生（Mr. Clean）连锁洗车店的特许经营，与此相关的项目也在帮宝适（Pampers）、玉兰油（Oil of Olay）和佳洁士（Crest）等品牌中推广。宝洁在提升股东价值上取得的成功得益于精益求精的管理、收获日趋成熟的产品和市场，和一直在寻找带来收入和利润的新机遇。

购买还是构建分析

在什么时候最好购买这些功能，而非从头进行开发？主要考虑以下因素：

* 技术成功的概率。
* 成本（有形的和无形的）。
* 上市速度。
* 品质/优势。
* 市场竞争程度。
* 速度和难度/建立分销渠道。
* 市场划分。
* 规定。
* 融资渠道/成本报告。
* 管理问题。
* 客户的采购成本/时间表/忠诚度。
* 供应商的收购成本/时间表/忠诚度。
* 研发能力/新产品资料。
* 人力资本。
* 竞争对手的知识产权（作为一项阻碍因素）。

温室的经验

过去，农民只能在符合作物生长习性的特定季节来种植相应的作物。由于农民创新和创造性的努力，现在已经不必这样做了。当前，农民能够创造必要的条件，在全年种植植物和蔬菜——甚至下雪的时候！他们建造温室，防御狂风暴雨，防止温度波动，并利用阳光对室内进行升温，这有助于满足市场全年对新鲜蔬菜的需求，并给农民带来更多收益。

就像作物推动农民一样，智慧资产耕耘者需要跳出固有的思维去创造条件，才能产生满足全年——甚至最不利的冬季需求的创新，并保护最原始的构想和早期的创意，以免被企业苛刻的生态系统扼杀在萌芽中。为了取得温室保护的资格，创意或构想应当与企业的目标一致，有培育过程的支持者，在脱离温室保护独立生存之前需要一段合理的时间，并有一项预算"补贴"支付在温室培育期间的费用。随着我们慢慢走出金融衰退或者一头扎进第二个衰退，这是需要铭记的重要经验。创造并建立自己的企业温室，而不是指责恶劣的天气、不景气的经济和新的政府法规，成为一个新思想、新经营方式的孵化器，从而满足消费者任何时期的需求。

真正驾驶飞机

大多数飞行员都会告诉你，无论飞行模拟软件有多好，也代替不了在各种各样的天气条件下驾驶飞机在天空中飞行。在企业和组织内部，试点项目旨在预测所提议的新产品或新服务、新定价模式、新渠道、新存储方式、新功能、新工艺、新招聘程序、新客户或市场（国内或国外）的成败。但是，一旦退出模拟器，在恶劣的天气条件下驾驶真正的飞机，即使是最成功的飞行员也可能处于危险之中。智慧资产耕耘者必须致力于确保试点项目尽可能接近"真实"的条件，确保已经测试了用户代表的统计数据，从而避免对新产品、新服务或首次推出市场的实际需求产生盲目乐观或虚假期望的现象。如果一家餐厅"试营业"期间的客户测试仅针对厨师的朋友，或者因为不想得罪厨师而对食物和服务作出好评的顾客，那么这项测试的效果就如同皇帝的新衣在冬天的保暖效果一样。同样，将新产品的试点价格定位在"亏本销售"水平，期望顾客一旦上钩今后就离不开它，这样的价格很少能够成功或者可以持续下去。

智慧资产耕耘者在正式推出新产品前，必须明确企业的关键要素和转折点。试点的特色产品或服务的关键要素是特征鲜明、设计流畅，在可行性研究之前进行合理定价。如果目标客户被欺骗、被迷惑或拒不认可所进行的创新，那么可行性分析、概念验证、测试模型，甚至是营销测试统统无效。很多企业的产品或服务在对外推广前都会进行"模拟试探反应"的内部测试，或者在几个外部市场作"小批量"测试，这样能够相对快速地获知产品的成功或失败，从而把对品牌和客户的损失降至最低。这些做法通常用在时尚界和餐饮业。这不仅有助于"气味测试"的真实性和完整性，更有助于总体创新进程。

一些企业误解了来自内部市场和外部市场的暗示有必要创新的信息。1985年的新可口可乐就是一个经常被引用的典型案例，企业完全误解了市场和消费者对现在被称为传统可口可乐的喜爱。许多消费者甚至都没有尝一口新产品就反对改变，他们的抵制基于知识、原则和传统，这些是不能被轻易取代的。可口可乐公司吸取了教训，从而在新品种、新口味和新尺寸上取得了更大的成功；在2009年，它的新产品"零度可乐"取得了巨大的成功，并且未影响"健怡可乐"。

时装公司、设计师、运动员和名人充分利用了他们的品牌和声誉，使得相应的产品诸如香水、鞋子、配饰、家纺和装饰、箱包、太阳镜和服装等都普遍取得了成功。糖果企业如好时公司（Hershey's）、玛氏（Mars）、歌帝梵（Godiva）等已经将品牌扩展到其他食品和饮品领域，并拥有多种价格、大小、包装品种。都乐（Dole）将它的果汁品牌拓展到水果沙拉、冷冻水果棒和袋装零食。象牙香皂（Ivory）将其值得信赖的形象拓展到洗碗液、温和的汽车清洗剂和护理产品。绘儿乐（Crayola）将其产品从蜡笔拓展到马克笔、钢笔、颜料和办公用品。消费者似乎也欣然接受了星巴克的咖啡味雪糕等。

然而线性扩展和扩张也会出现问题，如图6-3所示的一些错误案例。

成功案例 （干的漂亮！）	失败案例 （很好的尝试！）	最差案例 （他们在想什么？）
• 卡特彼勒©（工程机械）拓展到鞋子、手表和服装/配饰 • 邓禄普©（轮胎）拓展到鞋子、高尔夫球、网球拍和黏合剂 • 阿迪达斯©（运动用品）拓展到香水和个人卫生用品 • 艾禾美©（小苏打）拓展到清洁产品和牙膏 • 艾玛©（宠物食品）拓展到宠物保险 • 星巴克©（咖啡）拓展到酒和冰淇淋 • 汰渍©（洗衣粉）拓展到去污笔	• 奔肌©（止痛膏）拓展到阿司匹林 • 国家时间©（柠檬汁）拓展到苹果酒 • 库尔斯©（啤酒）拓展到矿泉水 • 凌仕©（沐浴露）拓展到美发沙龙 • 救生圈©（糖果）拓展到苏打水 • 康宝©（汤）拓展到意大利面酱 • 水晶百事（无须多言） • 威普旺©杂货零售商（从未成功） • 家乐氏©麦片拓展到早餐伴侣 • 麦斯威尔©研磨咖啡拓展到灌装咖啡	• 哈雷戴维森©（摩托车）拓展到香水 • 比克©（钢笔和一次性打火机）拓展到女士内衣 • 史密斯威森©（手枪）拓展到山地车 • 时尚©（杂志）拓展到酸奶（但在床上用品方面很成功） • 高露洁©（牙膏）拓展到厨房冷冻食品 • 猫头鹰©（餐厅）拓展到航空公司 • 外星人©（电影）拓展到视频动作游戏 • 索尼©盒式录像机 • 史泰龙（电影明星）拓展到巧克力布丁 • 永恒©（拳击手套）拓展到古龙水和男性护理产品

图6-3 成功案例、失败案例和最差案例

企业认为，客户群的忠诚度会比实际进一步延伸，因此导致考虑不周全、评估不当的品牌扩展许可和合作，最终会诋毁商誉并削弱品牌的诚信和公平。继标致（Peugeot）403进入美国市场一年后，标致高管决定将标致404推向美国市场，结果这一举动不但没有增加销量，反而导致了这两种型号车辆的销量双双下滑。这非常令人震惊，因为标致403曾被《道路与歌曲》（Road & Track）杂志评为世界上最好的七种车型之一。据一位从事新产品推广的客户经理阿尔·里斯（Al Ries）说，问题在于企业将新旧两种车型摆在一起同时销售，而不是用新车型代替旧车型，这会使旧车型看起来很过时而新车型看上去又太昂贵。标致高管误判了客户的意见，客户可能希望有一种单一的车型，而在看到新车型后，会看到原来车型的缺点。历史表明，世界上是最大的汽车往往只是单一车型，制造商每年只在基础车型上作细微的升级，例如销量超过15万辆的福特T型车和超过2100万辆的大众（Volkswagen）甲壳虫。

为何新产品和服务会失败？

导致新推出的产品和服务失败原因或许有上百个，甚至与已成立并被认可的品牌相关联后仍然失败了，但排名前六位的原因如下所示：

（1）企业误解了消费者忠诚度的范围。
（2）企业对消费群体定位错误，或者假定了大众需求，反之亦然。
（3）企业对定价策略、条件、机会成本，或转型之痛评估错误或研究不充分。
（4）产品的优势和特点并不是最佳组合就被推向市场了。
（5）消费者不理解从基础品牌到扩展商品或服务的"利益转移"。
（6）扩展的商品或服务无法与消费者其他合乎逻辑的选择相竞争。

避免试点项目失败的12种方法

1. 指派一个多样性的试点团队，要有明确的目标和时间表。确保试点团队在背景、专业知识和观念方面具有多样性。广泛听取内部和外部的建议。设定明确的期限和目标；不认可期望"在一堆垃圾中找到一匹小马"的开放式捕鱼之旅。

2. 避免资金过剩或资金不足。资源的分配需要一个妥善的测试作为保障，但请牢记，资金不足的项目从来不要让它走出实验室而资金过剩的项目会导致浪费和"误报"。设置预算，并明确试点团队成员的责任，确保他们能够利益共享、风险共担。

3. 专注于市场和沟通，而不是产品的花哨功能。正如爱迪生所说，一项成功发明的标志是拥有一个愿意购买并且快乐的买家，而不是陈列在博物馆中的产品。商业化目标必须胜过创意或设计大奖的梦想。

4. 争取到内部最大的支持和鼓励。试点项目的生存需要精神和物质的支持。担任试点项目的领导者，应当在项目试点的初期，就进行跨部门的宣传以获得内部支持和鼓励。

5. 打开大门，与客户和渠道合作伙伴进行协作与沟通。人们常问："狗吃狗粮吗？"我们可以测试、推测，整天高谈阔论一个目标产品或服务可能的成功，但在一天结束的时候，如果渠道合作伙伴竟不情愿地出售产品，客户竟无兴趣购买产品，它肯定会失败。在改善、定位和定价的过程中寻求所有关键的利益相关者的意见。

6. 消除隔阂。试点项目计划必须清晰，所有关键步骤应当确定并执行。问责制在每一步都是至关重要的。关键步骤之间存在太多"回旋余地"或"空白地带"会导致浪费、匆忙和不必要的拖延，而且未能预料到这些问题就会"让果实烂在枝头"，每个人却都在争论如何或何时来摘取果实。

7. 整合与合并。试点项目的成功必须是一个综合性的和包容性的任务，摆脱了封闭、地盘之争，以及内部或外部政治因素的影响。在这个过程中排除了关键支持者或关键人物是一个致命的错误，但是知道究竟何时引入某些支持者（尤其是那些可能枪毙掉这个项目的人），既是一门艺术，也是一门科学，是企业生态系统特有的。给予最初的工作团队所有需要获取的信息。试点项目的各个方面必须是交织在一起的，就像是一个巨大的被子上错综复杂的纬线一样。能够确保将所有拼图组合在一起，在所有关键阶段和重要领域都"买进"的唯一办法，就是在正确的时间、正确的地点，让正确的人员拥有正确的观点。

8. 保持头脑冷静。查尔斯·达尔文（Charles Darwin）曾说："物竞天择，适者生存。"一个试点项目团队太墨守陈规，无法发展则必定失败。在某些情况下，团队完全遵循他们设定好的路径前进，他们不可能想象到会有一条替代路径去实现创新。

9. 评估风险。新的项目带来新的风险，对于这一点，应当予以理解并加以管理。风险应当从多个角度来进行计算和评估，包括责任的角度、品牌完整性的角度、客户忠诚度的角度以及产品可替代性的角度；还必须看到风险对其他部门的影响。评估指标应当包括实际的、预见的和固有的风险。有关此主题的更多信息，请参阅克雷格·R. 戴维斯（Craig R. Davis）的文章《计算风险：评估产品开发的框架》（Calculated Risk：A Framework for Evaluating Product Development）麻省理工学院斯隆管理评论（2002 夏季刊）。

10. 培育健康的项目管理文化。坦率地讲，有些公司擅长管理试点项目（或任何项目），而有些公司则不行。组建合适的团队，明确定义预期回报、承诺的时限（相对于其他责任）合理组合技能，获取资源，决策失败也不计后果，这些都是成功的关键因素。底线就是，如果团队成员的"日常工作"太繁忙，以至于无法为试点项目贡献奇思妙想，那么就会没有播种的种子，没有生长的作物，并无法收获新的创造。智慧资产耕耘者不能是"当我想得到它，我就会得到它"的承担水平、你的行为应当像父母一样、而不是保姆。

11. 早期错误和常犯错误。在创意和产品开发过程中，所有最佳学习的效果都来自最大的错误。犯错尽可能在早期 α/β/原型阶段；随着项目的进行，改正错误会更困难，代价也更大。

12. 白银和黄金都重要。还记得儿时的歌曲吗？"结识新朋友，不忘老朋友。一个是白银，另一个是黄金。"这同样适用于智慧资产运营。可靠的、产生利润的"现金奶牛"不应该过早地被宰杀，但也不允许它们以生产率和可预见的收益作为借口从而推迟饲养新的、年轻的牛犊。智慧资本运营需要在确保田间作物已有足够的获益和土地在新作物种植前重新施肥或开发新的"绿色农田"之间取得一个平衡。正如有经验的渔民常说的那样："不要丢掉鱼再去找鱼，但如果你总是被卡在同一个洞中，你永远不会知道等待在湖的另一边的是什么。"

来自新产品研发能力极强公司的教益

宝洁将创新作为其五个核心优势之一，已成功地将许多新产品推向市场。仅在2009年，宝洁在美国推出排名前10位的新产品中占据5席，并在排名前25位的新产品中拥有10项。除了高标准的研发经费预算（该公司的投资是它的竞争对手们投资平均值的两倍）外，宝洁将传统的内部研发过程转变成一种被称为"联系+发展"的开放创新战略。

这种方法旨在汇集全世界上集体的智慧力量，通过利用外部资源（甚至竞争对手）的创新资产——产品、知识产权和人力来推动自身的创新。该战略并不是要取代宝洁的7500名研究人员和辅助人员，而是为了更好地发挥他们的作用。为此，宝洁创造了新的工作职位，如"技术企业家（TEs）"，他们像侦察员一样，从像大学实验室这样的地方寻找最新的突破性技术。宝洁因此能够甄别世界各地的有前景的想法，再利用自身的研发、生产、营销和采购能力，从而更快地创造更好、更便宜的产品。在 2006 年，宝洁超过 35% 的最初构想是从企业外部获得的。同年，宝洁 45% 的产品开发计划中的关键要素都来自企业外部。"联系＋发展"的创新模式使宝洁内部创新的成功率翻倍，同时也降低了创新成本。

IBM 也形成了在实验室之外开发新产品的发展思路。IBM 拥有的专利（至今有 30 000 项）超过任何其他美国科技企业，它利用"合作实验室"来进行创新。这些"合作实验室"是与大学、外国政府或商业伙伴组成的小型的、区域性的合资机构。它们的目的是利用当地的技术、资金和销售渠道将新的技术快速推入市场。IBM 还越来越多地与客户进行合作，开发新产品，满足市场需求。例如，IBM 与著名糖果公司合作，开发了一款网页分析工具，命名为商业洞察力工作台（BIW），这款产品通过分析结构化和非结构化数据，发现隐藏的商业模式和商业价值，这将有助于预测新兴的市场是否会购买某一品牌的巧克力。通过直接与客户合作，IBM 能够利用客户的智慧能力，创造出满足其真正需求的产品。

除了成功地利用外部智力资本和收获内部人力资本外，IBM 还随着技术模式的转变而不断改造自己的能力，从而成为世界上最具创新精神的公司之一。IBM 利用环境变化作为推出新产品的机会。IBM 已远离开发第一台 PC 机和硬件销售的身份，将自身重新定位成一个全球性的技术顾问。例如，该公司已经与多伦多的一家医院合作，帮助医生监测早产儿健康状况的微小变化。通过灵活多变和把握变革，IBM 已经将许多新的产品推向市场。

在企业外部寻找创新的观念也在诺基亚中得以实现。诺基亚试点项目，旨在允许诺基亚用户通过分享他们可以付诸实施的想法和建议，参与公司的创意开发过程。任何对此感兴趣的人均可以注册成为诺基亚试点项目的候选人，并且选中的候选人会免费为研发、销售和营销团队提供建议。诺基亚试点项目及一些类似的项目都是花费最少而获得创意的最佳方式。

另一个经验来自美国西南航空公司，该公司是 9·11 后为数不多的能够保持盈利的航空公司之一。美国西南航空公司能够创新，是因为参与公司规划/战略/研究委员会的成员拥有不同的背景和技能，并且其燃料成本供应链的管理非常有效。该公司聚集了来自空中、地面、维护和调度操作等部门的人员，集思广益专门研究航空业可能出现的变化。由于委员会成员研究的视角不同,产生了许多不同的观点,迫使公司的管理层重新评估一些原来认为理所应当的规定,从而实现了全面的业务改革。改革的效果是提高效率和增加利润。培养企业各层次人才的多样性会提升企业的创造和创新能力。

四步骤过滤法

除了本章中提到的所有的最佳范例、建议和观点非常重要外,筛选工具的开发也至关重要。它能帮助智慧资产耕耘者确定哪些是小麦,哪些是应当丢掉的谷壳,哪些小麦还未成熟需要延迟收割。在接下来的篇幅以及图6-4到图6-7中,介绍了由我在马里兰大学史密斯商学院的同事奥利弗·施雷克研究的、用于筛选新想法新观念的四步骤过滤法。

第一步,根据公司的目标量身制定一个筛选标准清单。

这是一份施雷克教授使用的包含12条代表性标准的清单。

(1) 吸引力评分标准(战略匹配度):符合公司或企业战略的研究和技术项目。

(2) 技术成功概率:在5年内克服技术障碍的概率,通过评估程序的复杂性、公司的技术技能基础、现有的技术知识来确定。

(3) 商业成功概率:市场对有吸引力的行业动态接受的概率,通过预测市场需求、公司的营销能力、公司的应用开发能力来确定。

(4) 研发和技术衍生项目的潜力:研发和技术项目作为一个发展平台的潜力程度;范围从"仅此一项"到"可以开拓新的技术和商业领域"。

(5) 专有性:衡量公司因成功项目而保持独特的技术地位的能力。

(6) 回报(投资回报率/增量利润):评估首次投入商业使用起3年内的投资回报率和对增量利润的影响。

(7) 研究和技术商业化的成本:计算从今往后直到开始商业运作的研究和技术成本;衡量所需的研究和技术投资水平,包括例如试点工厂等研究技术资本支出。

(8) 首次商业销售/使用的时间:到该项目的效果实际用于生产商品需要的年限。

(9) 环境、健康和安全影响:预计在备受瞩目的问题上带来的影响(例如,回收利用主题可能带来正面影响)。

第六章　区分精华和糟粕：准备好投入市场的作物

(10) 拓展平台：与公司其他业务的项目协调程度；范围从"仅此一项"到"影响多项业务"。

(11) 增量资本的风险（早期用户、新技术）：将项目商业化所需的资本投入（不包括工程）。

(12) 项目实施后的竞争地位（市场地位）：项目对公司在行业内市场地位的影响；性价比中的性能。

第二步，根据所提出的创新项目与企业整体目标的战略匹配度对该创新项目进行评分，如图6-4所示。

定义：
研究和技术项目与商业或公司战略的匹配度。

具体分值	总体分值			
	1 2 3 低	4 5 6 7 中	8 9 10 高	
清晰的战略计划+技术重点	②	⑤	⑦	⑩
不十分清晰，频繁改变	②	④	⑥	⑧
仅限于短期目标	①	②	④	⑥
方向不清晰	①	①	②	③
	差	中	良	优
	项目对应的等级			

图6-4　战略匹配度——最高标准

第三步，根据其他相关变量的权重制定一个项目吸引力评分表，如图6-5所示。

第四步，根据图6-5的得分情况可以确定资源分配、人员配备、时间表和优先级，而新的变量，如吸引力、资产组合均衡测定、奖励、市场和竞争状况以及客户的需求起引导作用，则如图6-6和图6-7所示。

评级：
10 100%满意
5   50%满意
1   最低限度的满意
0   0分
总分=所有评级×权重之和

标准		分数1	分数2	分数3
(1)战略匹配度	⑩	⑧ =80	⑦ 70	⑥ 60
(2)商业化研发和技术成本	②	⑨ =18	⑦ 14	⑨ 18
(3)项目实施后的竞争地位	⑧	⑤ =40	③ 24	⑤ 40
(4)商业成功概率	⑧	⑨ =72	⑥ 48	⑩ 80
(5)环境、健康和安全影响	⑦	③ =21	④ 28	③ 21
(6)拓展平台	⑦	⑧ =56	⑥ 42	⑤ 35
(7)专有性	⑤	⑧ =40	⑨ 45	⑨ 50
(8)回报（投资回报率/增量利润）	⑩	⑧ =80	⑨ 90	⑩ 90
吸引力总分（满分1000分）		407	361	394

图6-5 项目吸引力评分表

A 生存
使公司能够生存（它应该在哪些领域生存）
仅提供其他领域没有的能力

D 重新定位公司
重新定位公司的可持续领导力
专注于重大独特的新产品新工艺

B 技术支持
为制造商和客户提供运营或经济以外的技术支持

E 构建知识
大多数公司都是空白，可以与高校或者研究所合作

C 可持续领导力
在维持或发展可持续的领导力方面作出改进关注将公司定位为领先的竞争者的项目

F 开发非领导力
在维持或发展非领导能力业务方面作出改进
仅提供其他领域没有的能力

图6-6 创新的战略目的

第六章 区分精华和糟粕：准备好投入市场的作物

○ 基础技术
○ 战略技术
○ 新兴技术

符号：

○　○　◯　◯
50k 100k 250k 500k
研发费用总额

项目战略目标

Ⓐ 生存
Ⓑ 技术支持
Ⓒ 可持续领导力
Ⓓ 重新定位公司
Ⓔ 构建知识
Ⓕ 开发非领导力

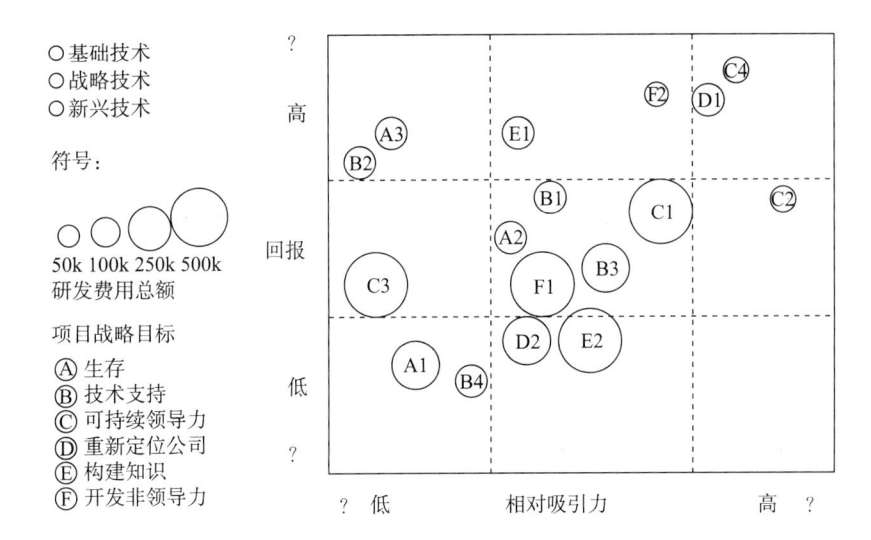

图 6-7　资产组合均衡测定

第七章
把作物带到市场中：战略选择概述

> 不是强者生存，也不是智者生存，而是适者生存。
>
> ——查尔斯·达尔文（Charles Darwin）

我们在生活中确实有两个基本的选择——我们可以分享知识，或者自己保留知识。当我们决定保留知识时，我们已经决定，这方面的知识，如可口可乐的秘密配方，能够为我们提供了市场上的竞争优势，如果泄露的话，将严重损害股东的利益。法律赋予我们通过排他权而保护我们自己知识产权的选择和策略。当选择共享知识时，我们已经确定，知识的总和超过了所有部分之和，即无论是通过许可、合资企业、财团、特许经营，或一些其他方式，如果我们允许别人在某种形式的智慧资本运营战略和结构的约束下来使用我们的知识，则我们的知识将更有价值。

一旦智慧资产已经播种、培育、生长、收获，就必须评估各种生长结构，以制定土地利用计划（ALP），从而把农作物带到市场。ALP 将像路线图一样引导我们沿着股东价值最大化和开创新机遇的道路前行。

ALP 是你的路线图，引导你应当对你的智慧资产作物做什么，才能使它们一旦被收割就会提升和最大化股东价值。它详细说明了从每个橙子挤压出最后一滴果汁，以及收获果肉和果皮的途径。

智慧资本耕耘者们，就像他们的农民兄弟一样，不仅对驱动盈利收入来源有兴趣，同时也关注避免浪费和低效，尤其是在受环境、循环利用和可持续发展引导下的社会中。几十年来，农民回收餐厨垃圾来堆肥，利用过量食物喂养动物，将牲畜粪便作为能量来源，利用水库和输水系统捕获和储存大气中的水，回收金属并重新用在家具、建筑或围墙上。如今，由于经济和效率的原因，保护、重复利用和循环利用这一趋势在许多家庭农场和大型商业农场中再次被提出。位于新罕布什尔州的一家乳制品农场石原农场（Stonyfield Farm），就是这样一个例子。最近，该农场通过改造其生产过程、安装高效节能照明灯具和热水热回收系统收集"废"热，回收所有纸壳、纸张、铝和许多塑料，每年能够节省7万美元。

最后，美国企业也紧随其后。2006年安装处理设施后，通用磨坊（General Mills）一直使用食品加工的废水进行冷却和除尘。如今，多达一半的工厂的水现在可以被处理、恢复和重复使用，工厂总耗水量平均削减46%——或每月大约530万加仑，每年为公司节省约84万美元。

在2010年，通用磨坊宣布脆谷乐（Cheerios）的"洞"现在被当作一种能量成为工厂的燃料。唐恩都乐的烘焙师在几年前已经不愿意再浪费和丢弃由甜甜圈洞产生的面团的成本，转而开始将它们作为一种独立的烘焙商品销售，这种一口大小的面包圈直到今天仍然非常流行。你的企业中的"洞"在哪里？哪里是可以收获有价值的、有收益的/节约成本的资产而通常会被浪费的地方？客户、股市和环境已经准备好奖励那些避免浪费，并可以将其转化为有用的东西——一种战略肥料的企业，这种肥料现在不仅拥有提升自身价值的力量，也会收获新的产品、服务和效率。

我曾经有幸倾听印度自主就业妇女协会（SEWA）的《我们联系世界》（We Connect）的演讲，该组织开展的项目是从班加罗尔、德里拥挤的街道上和位于古吉拉特邦的12个区内收集废纸，并将其加工为美丽的再生纸、陶器、购物袋、活页夹、珠宝和其他礼物。到目前为止，有超过32 000名女性是废纸拾荒者，该数字每个月都在上升。充分利用你的垃圾和其他废弃物不仅是一个智慧资本农业的最佳实践，也是一项造福后代的正确举措。

适当地收获和利用自己的智慧资产，你需要制定一个ALP，这将帮助你的公司确定你们在哪里、你们所取得的成就、你们前进的方向，并可以说明为什么朝该方向发展。有效的业务和战略规划对智慧资本农业的长期成功至关重要，它能够收获智慧资产并成功地发展。

制定土地利用计划的四个关键步骤

制定土地利用计划有四个关键的步骤，在接下来的篇幅中对其进行详细介绍。未能制定一个收获计划将会使作物在藤上涝死或腐烂。在这一节中，我们确保所有有价值的作物以及时和高效的方式到达预定的市场。

* 第一步：进行"鱼或家禽"的分析。我们利用了哪种类型的创新资产？创新资产类型将如何影响我们的分析和规划？

* 第二步：开展SWOT（Strengths, Weakness, Opportunitiesand threats）

分析。影响新产品或服务的优势、劣势、机会和威胁是什么?

*第三步:起草土地利用计划。我们将通过现有渠道推出这款新产品或服务,还是建立通往市场的新途径?我们会单干还是寻求相互依存的第三方关系?抑或是多方合作?

*第四步:完成敏感度分析。ALP 计划的实施必须在总结前进道路上所遇到的成功和失败经验的基础上,仔细监控、调整、更新,并重新规定。"如果……该怎么办"的问题必须从正面和反面两个角度予以解决。市场条件、需求模式和竞争分析等意想不到的变化都必须囊括在 ALP 的发展进程中。

第一步:进行"鱼或家禽"的分析

正如我们在第六章中所看到的那样,创新的类型往往决定了必须制定相应的战略计划,从而正确地获取创新。这个计划可以扩大或缩小选择的范围,根据增长程度、采用的可能率、知识产权保护的类型、对现有渠道的影响、财务资源的可用性、人力资本和专业知识的可用性,以及内部拥护者的可扩展性和水平等因素确定。

图 7-1 显示了可实现的创新程度及类型的概览。

(与现有技术相比,创新具有什么样的新颖性和独特性?)

"世界性突破/创新" (车轮、火、水泥、度量衡、语言、燃料)			
重要的规则改变者 (互联网、DNA 技术、液晶显示器、核磁共振成像、起搏器、胰岛素、激光手术等)	生活质量影响者 (印刷机、汽车、航空旅游、广播、电视、微波炉、个人电脑/笔记本电脑、手机技术、掌上电脑等)		过程模式转换 (生产、低成本的配送和管理方法、提高质量、加快交货、或提高客户体验) 例如:盖可保险(GEICO)、联邦快递
客户服务创新 (诺德斯特龙高档连锁百货店、美国西南航空公司、星巴克、谷歌)	商业模式创新 (易趣网、普利斯林网、CNN、卡马克斯公司、嘉信理财、睿亮等)	针对现有产品或源代码的新应用	修改/改进现有产品 (持久灯泡、健怡可乐、低脂零食等)
市场观察 (麦当劳在中国、现代/丰田进入美国等)	现有公司的新产品线 (有机的/合作的/并购) (温迪快餐/蒂姆休斯顿)	增加现有产品或服务线 (iPad 加入 iPod 的功能)	产品改进版本/补充 (iPod 的颜色、大小、以及配件)
重新定位/重塑品牌	降低成本/分销效率	增加改进功能/易用性 (遥控器、导航工具)	相对同质产品增加品牌策略 [例如:想做就做(耐克)、巴黎水、依云(水)]

图 7-1 创新的程度和类型

第七章 把作物带到市场中：战略选择概述

正如本书之前提到过的，突破性的创新是极其罕见的，我们在有生之年可能仅会遇到几件。对于婴儿潮一代，在通信领域（手机、互联网、智能手机）和医药领域（生物技术、激光手术、核磁共振、DNA 研究）的突破已经改变了我们的生活，以及我们与他人交流的方式。而创新的主体本质上是增量性质，主要集中在消费者层面或使现有的东西更好，使用更方便，成本更低，体验更舒适，或对我们更有意义。在幕后，业务模式和流程创新带来了竞争优势，并在生产技术、销售渠道、市场营销和品牌战略、供应链和采购系统、薪酬和管理战略、成本控制、行政系统、运营物流等方面提升股东价值。工艺创新不可能成为头条新闻，但公司力争通过提高零售设计、融资方式、服务交付系统、健康和安全特性、维修保障、采购技术、客户服务和培训体系、销售佣金结构和店内促销，日复一日地提高客户忠诚度和顾客购买倾向率，所有这些都影响我们的零售、网购和服务消费体验。

公司致力于创新是令人钦佩的，但更艰难的是必须作出决定，哪些类型的创新才能使该公司从时间、人力和资源的承诺中获益，以及如何使这些承诺与本公司当前和目标客户的实际需求一致。公司必须小心不要"过度创新"或"误创新"，从而疏远了客户而不是与他们加强联系。了解推动客户满意度的因素是至关重要的，经常被引用的例子是厨师一直摆弄他的菜单企图建立忠实客户群，但实际上让这些顾客回头的主要原因是干净的卫生间。

让我们来看看一个假设的例子来推进建立 ALP 的进程。麦当劳，基于其 Chipotle 新的健康食谱的巨大成功，以及成功推出的高档但实惠的咖啡系列，决定进军中国快餐行业。这种新产品线可以用多种方式进行，包括以下几种方式。

* 在现有公司经营或特许经营的餐厅中引入一些新的菜单项（可能在一个初步的测试 – 试点的基础上）。

* 建立一家独立的公司经营或特许经营的 McSoy 模式（这可能会或不会为现有加盟商提供良好的声誉）。

* 在与康尼格拉（ConAgra）食品公司的许可证（或合资企业）中增加中国食品行业中已经建立名声的（具有 La Choy 产品特征的 McSoy）一系列品牌的原料或菜谱的许可。

* 收购一个现有中餐连锁店（如熊猫）作为未来经济增长的基础，甚至可能成为分拆公司（就像 Chipotle 一样）。

* 加入一家拥有连锁店的合资企业或者寻求一家具有高增长潜力的小连锁店（一旦麦当劳增加了它的专长）。

* 形成一个市场或业务的合作团体，或作为地区食品及供应现有的物资资源中心的（或转换为 McSoy）中国餐馆。

显然，麦当劳有机会在一个新的机会中收获自己的智慧资产（其系统、品牌、流程、手册、购买力、人际关系、殷勤好客的专业技能、商誉），但创新的类型和程度将影响所选择实施的策略（或者并不一定是相互排斥的一些策略）。

第二步：开展 SWOT 分析

虽然详细讨论如何进行 SWOT（优势、劣势、机会、威胁）分析超出了这本书的范围，但让我们来看看在一些假设的例子中分析的变量。

优　　势

* 国内外快餐运营的专业知识。
* 经销商和客户对新机遇的渴望和推动选择。

劣　　势

* 缺乏中国食品市场特定的知识或专长。
* 与现有的经销商渠道冲突的风险。
* 可能无法提供美国之外的全球扩张机会。
* 尚不清楚消费者是否会接受品种的扩展，或者是否与核心价值观、优势和目标（例如儿童膳食、家庭娱乐、聚会、罗纳德·麦当劳）一致。

机　　会

* 充分利用麦当劳的系统和专业知识进行培训和获取现场支持。
* 继续将"家庭套餐"扩大到更健康食品行列之中。
* 用中国产品赢得一个更庞大的"晚餐"人群。
* 向 McCoy 的老客户交叉销售麦当劳和 Chipotle 品牌，并开发联合品牌。

威　　胁

* 如果新产品/服务失败，将会损害和淡化麦当劳品牌。
* 在这一行业已经有了强劲的竞争，比如熊猫，百威亚洲餐厅（老张华馆旗下的）、满族锅、长城。
* 食品成本、人力成本、质量控制、店面扩建（成本可能导致商业模式完全不同于麦当劳和 Chipotle）。

绘制你的生态系统

生态系统的绘图是构建 ALP 的一个关键的战略前提，因此，应作为 SWOT 分析的一个重要组成部分。每一家公司，无论其规模或行业，都在一个（或更多）的生态系统中运行。

为了有效地绘制出贵公司的生态系统，有必要提出下列问题。

　　* 我们适合在哪里？

　　* 谁是主要参与者和利益相关者？谁制定了规则和设置标准？谁（或什么）有权改变他们？他们的关键问题、关注点和需求是什么？谁是决策者？谁是市场影响者？

　　* 什么是动态、优先顺序、政治因素、障碍和壁垒？

　　* 我们进行了有意义的竞争分析吗？

　　* 机会之窗在哪里？哪些关系是可以突破的，哪些是不透明的？

　　* 有哪些关键的协会、俱乐部和专业社团也存在于生态系统中（通常作为子系统或平行系统）？可能会有哪些群体？

　　* 生态系统功能如何？哪些变量或事件可能扰乱或破坏生态系统？需要什么才能让它回归正轨？

第三步：起草 ALP

　　SWOT 分析完成后，是时候准备 ALP 了。该计划最相关的信息实际上可能是模糊的，也可能像天气一样变化无常，但是，嘿，如果真正的农民能适应不断变化的天气，那么你也可以！没有人可以预测市场走向，McSoy 是否会成为下一个 Chipotle 或下一个突然迅速消失的"拱形汉堡"（Arch Burger）。智慧资本耕耘者必须时刻睁大眼睛，竖起耳朵贴近构建 ALP 的基础，仔细监测推动市场的力量、早期预警征兆，以及关键指标和指数从而确定何时、何种方式和为什么等计划要点。每一段未知的旅程都始于一幅路线图和一项运动计划，然后根据所意想不到的人性起伏及市场跌宕的显现进行相应的调整。通过关注相邻（或似乎是相邻）市场的创新，正如麦当劳对 McSoy 的处理方式，就可以减少失败的风险，但没有办法消除风险。

　　起草 ALP 并没有单一的、固定的格式。相反，智慧资本耕耘者妥善地起草的计划应该叙述情况，提出论点，并保守地预测未来。所有公司都有不同的情况、不同的观点和不同预测。

　　业务增长计划是一个设定目标，阐述愿景，然后制定计划去实现这些目标和愿景的过程。一个精心编写的 ALP 能够绘制出最佳的智慧资本运用路径和策略，以及选择该战略方案的理由。在本质上，一家企业的增长计划应当阐述和解释以下问题：为什么你选择的策略是有意义的？你需要什么资源来实施发展战略？谁在团队中有实施增长战略的远见卓识和领导力？团队将遵循什么路径？它也应该回答以下问题。

　　* 你是谁？

* 你要做什么？

* 你的商业模式是什么？（你如何赚钱？你的客户是谁？你解决什么问题？与其他可用的方案相比，你是如何更好、更快、成本更低地解决问题的？）

* 你的客户是如何支付的？

* 他们的忠诚度如何？

* 你该如何成长？

* 这项策略为何优于其他可行策略？

* 实施所选的发展战略你有哪些需求？

* 市场的拥挤情况如何？

* 你会使用什么渠道（以及什么价格）卖给客户产品或服务？为何这些是最佳渠道？

* 你作了什么市场调查来确保有人想以该价格购买这个产品或服务，或者根本不买呢？

* 你的公司是否真正地改变了你所在行业的经营方式（作为一项变革），或者说这仅是一种时尚或趋势？

没有人有水晶球来预测什么会奏效，什么不会奏效——无论是最精明的投资者，还是最老资格的企业家。分析做得越好，大部分的业务增长计划所规定目标实现的可能性就越大。智慧资本的收获是一项马拉松，而不是一次短跑。

ALP 大纲

一个精心编写的智慧资本收获计划并不是卖空好的、抛售差的、忽略丑的！它本质上是一个管理风险和挑战的计划，即在参与开发资产的基础上实施新的增长战略。智慧资本收获计划应该承认，增长和成功是通过预测未来可能会影响公司目标的事件或情况而调整的目标。以下是 ALP 的大纲。

Ⅰ．执行摘要

A. 公司简介。

B. 目前产品和服务的概述，所提出的新业务计划（是否匹配？）。

C. 管理团队为新计划配备人员的背景（摘要）。

D. 使命宣言（你为什么在这个行业？你为什么想参与这个新业务？）。

E. 公司的财务业绩总结（如适用）。

F. 你的市场和新的相邻市场的主要特点。

Ⅱ．公司概况

A. 组织管理结构。

B. 经营和管理政策。

C. 产品和服务的描述（包括当前和预期产品和服务）。

D. 你竞争的（或计划竞争的）产业和市场的发展趋势。

E. 公司的主要优势和劣势。

Ⅲ. 发展策略分析

A. 如何以及为什么要采取这种发展战略？

B. 在实施这一战略的过程中，你会遇到哪些障碍和风险？

C. 在实施这一战略的过程中，你需要什么样的资源？

D. 考虑以何种战略进入市场，为什么？

E. 你要建立什么新的关系？现有的股东会受到什么样的影响？

Ⅳ. 市场分析

A. 对你所竞争或即将竞争的市场进行扩展性描述（如规模、趋势、发展）。

B. 分析主要竞争对手和未来可能的竞争对手（以及面对新的竞争对手时，你的商业模式和增长战略将如何改变或发展）。

C. 描述和分析主要顾客和客户（当前的和预期的顾客和客户）。

D. 市场调查支持的当前的和预期的产品线。

E. 进入壁垒及可持续竞争优势分析。

Ⅴ. 市场营销与广告策略

A. 为扩展当前和预期顾客/客户（和扩大现有的关系和忠诚度的范围）的策略。

B. 定价政策和策略。

C. 广告与宣传的计划和策略。

D. 讨论潜在的市场伙伴和战略联盟。

Ⅵ. 财务计划和策略

A. 当前财务业绩和状况（附带最新的收入报表和资产负债表）。

B. 预计未来3~5年的业绩（基于新产品或服务线）。

C. 流转资金的来源（内部/外部）。

D. 预期分配收益和平行预算的延伸讨论。

Ⅶ. 建议的展品和附件

A. 管理团队主要成员的履历。

B. 组织结构图。

C. 完成目标的时间表。

D. 主要文件和合同的副本。

E. 最近报道的副本。

F. 主要产品的图片或所提供服务的广告材料。
G. 客户列表和专业的参考资料。

施肥方式

正如在 ALP 大纲草案的第 VI.C. 部分提到的，新产品或服务的创新必须确定资本的内部和外部资源，将它们作为收获这些智力资本作物的燃料和肥料，并让它们进入市场。（有关资本形成策略更多的信息，请参见拙作《募集资金》。)

对于小公司来说，领导者通常需要依靠自己的资源或提高外部债务和股权资本来促进创新项目；但是，对于跨国企业来说，情况则大不相同。2010 年秋季是一个令人难忘的拐点，随着经济衰退的减弱，盈利得到改善，现金开始储备。到 2010 年 12 月中旬，非金融企业已经积累了超过 2 万亿美元的现金，这从本质上说，它们实际上坐在场外等待投资机会。

有两个普遍的真理——一是不能无限期地闲置现金，二是现金与战略部署相比，是不能获得同样的回报的，特别是在低利率环境中。美国公民似乎千篇一律，2010 年 12 月，拥有 9 万亿美元的储蓄账户和存折，而货币市场基金支付几乎没有（少于 2%）。作为一种战略模式和智慧资本农业，这些现金应当用于增加研发投资、战略性内部/外部风险资本的投资，加强渠道建设，拓展海外市场，扩大产品和服务线，建立大卫/歌利亚式的合作伙伴关系、新的并购活动及其他智慧资本的收获和发展战略，旨在实现股东价值最大化。例如，思科、微软、苹果各有超过 250 亿美元到 300 亿美元的现金，在资产负债表上没有明显地宣布特别股息。这笔现金需要被投入能够推动股东价值的地方。

第四步：完成敏感度分析

正如前面所讨论的那样，一份精心制定的 ALP，通过阐述需要采取什么措施、何时、以何种方式以及由何人实施，就成为一幅为实现公司智慧资产收获战略的路线图。它侧重于关键的组成部分，如资源、品牌、市场合作伙伴和分销渠道，但也必须应对不可避免的意外事件。知识资本耕耘者的能力是明确特定的任务并将其转化为具体的时间表的能力，这种能力受到不断变化的资本市场和客户的需求模式、新的竞争对手以及整体市场条件的限制。ALP 必须处理"如果……该怎么办？"的问题并反映不断变化的商业模式。例如，如果 ALP

的成功依赖于公司的产品比竞争对手提供的产品更快、更便宜、更可靠,或者能够更好地解决复杂的问题,那么,当你的竞争对手推出的产品比你的产品更好、更快、更便宜时,将如何改变策略?如果客户难以适应,甚至不承认你的新产品或服务的优点,那该怎么办呢?这些都是高科技公司不断面对的挑战,也是 ALP 敏感度分析寻求解决的各种问题。

敏感度分析是一个工具,用于观察 ALP 中广泛的变量和假设,如果并且当这些计划的假设发生变化——它们总是不可避免地会改变时,能够确定对公司的影响和计划的可行性,进行敏感度分析可以提出以下问题。

* 如果我们假定目标客户中的 20% 不接受这款新产品,那我们的 ALP 仍然是可行的吗?30% 呢?40% 呢?

* 如果两个关键、潜在的竞争对手已经确实成为实际的竞争对手,那将会对我们的 ALP 产生什么样的影响?

* 如果我们无法吸引新员工或者我们已经确定为重要的战略合作伙伴,那将会对我们的 ALP 产生什么样的影响?

* 如果我们不能筹集到实施战略需要的资金,会怎么样?如果我们不得不放弃比预想中更多的所有权和控制权才能筹集到资金的话,那又会怎样?

* 如果我们打算借钱来实施这一战略,那么高利率会对战略的经济产生怎样的影响?如果我们的客户需要钱来购买我们的产品和服务,那么高利率对这些购买决策会有什么影响?

* 如果市场否定了新产品或服务引入的定价结构,会怎么样?如果我们不得不提供更大的折扣来激励客户,那又会怎样?这对我们的利润有什么影响?

底线是,过于乐观或悲观地研究 ALP 中的假设能够并且将会反过来困扰你。因此,即使你对于 ALP 中的假设持保守态度,并进行了充分的研究,仍然存在许多变量能够而且将会改变,从而会对你的 ALP 和公司产生影响。敏感度分析旨在预测这些变量的变化,让你不至于措手不及。

可能影响完成 ALP 实施成败的变量

不管你规划得多好,事情也能够而且将会发生改变。数以百计的变量将进入你的 ALP 开发中,这意味着成千上万的事情可能错误(或正确),将会影响公司实际计划的开展。实际增长的结果可能会有所不同,取决于各种各样的因素,包括:

* 产品和服务的需求。
* 竞争对手所采取的行动,包括新产品的推出和增强功能。

* 网络和业务的扩展能力，以便支持大量的客户、供应商和交易。
* 开发、引进和营销新产品，并及时对现有产品进行改进的能力。
* 定价政策和商业模式的变化，以及竞争对手相关情况的变化。
* 最近并购和未来收购的整合。
* 拓展销售和营销业务的能力，包括招聘更多的销售人员。
* 产品和服务的销售规模和时间，包括季度末销售的重要部分的认可。
* 成功维护和加强现有关系，发展与战略合作伙伴的新关系，包括系统集成商和其他执行伙伴。
* 根据销售人员是否达到年度业绩标准来对他们给予补偿的薪酬政策。
* 控制成本的能力。
* 市场的技术变革。
* 因预期产品改进或新产品而造成的客户订单拖延提交。
* 客户的预算周期和预算周期的变化。
* 一般经济因素，包括经济增长放缓或衰退。

ALP 发展中的最佳实践

有效的智力收获计划不是一个容易的过程，接下来的章节中给贵公司提供一些保持活力和竞争力所需的工具和策略。多年来，在与数以百计的各种规模的公司和许多不同的行业合作开发业务增长策略的过程中，我归纳了一些技巧、想法和最佳实践来控制规划进程。以下是最重要的方面。

* 拥有合适的人才开发和维护你的计划。错误的策划团队会产生错误的规划决策，从而领导公司走上灾难之路。
* 放眼长远但做在当下。准备好修订计划，以应对市场状况的变化，但是不要让你的目光离开长远目标。
* 有效的业务增长计划是一个持续的过程，不是一个孤立的任务。
* 不要相信"计划是过时的事"这样的咒语。还有一些人认为，市场条件过于动荡和不确定，不可能以长期业务增长为导向制订战略规划——这根本不正确！事实上，快速变化的商业环境使得战略规划的必要性显得尤为重要，前提是该规划并没有被搁置在书架上，而是在条件允许的情况下进行监控和修改。
* 投资于能够收集竞争情报的系统。信息起决定性作用。如果没有很好的影响竞争对手和客户趋势的数据，你会溺死在水里。收集的数据将成为你的 ALP 的重要组成部分，以及更改所选的计划或战略的触发点。

第七章 把作物带到市场中：战略选择概述

* 保护主要资产。你可以开发 ALP，直到你累得脸色发青，但是，如果你的战略成功取决于你是否有能力保持和利用你的关键无形资产，那么你必须花时间来保护你的知识产权（见第五章），奖励和激励你的员工（见第二章和第三章）。

* 确保连接关键点。精心起草的 ALP 会阐明和预测如何将所有的市场力量和人员结合在一起，并考虑到社会、环境、政治和经济的影响，计算出这些因素如何一起影响你的发展计划。在 30000 英尺外看事情和观察市场动态的能力，是有效增长规划的关键。因此，由于这些市场条件并非静止不动，并且连接点的关系会不断变化，你需要继续攀登才能俯视山谷。

* 建立一个具有根深蒂固的发展理念的组织。该理念应当源自公司的领导者或创始人，他们的想法和激情将感染和鼓励公司的每位员工都朝着努力实现业务增长的目标前进。要实现这一目标，公司的领导者必须清楚地传达和强化发展计划、目标和战略，奖励那些为实现这些目标作出贡献的员工，监控公司的发展，在必要时改变发展路线和方向。如果发展路线确实需要改变，那么必须定期与员工分享这些方向上的变化，并解释需求更改的原因。如果他们不理解，或者他们不知道如何以及为什么他们的职位和任务必须改变去满足这些新的挑战，所有员工都会对目标的变化产生不满。

* 不要害怕评估和监控业绩。至关重要的是，在 ALP 的每个关键领域中设置一套客观的评价指标，以便连续监控和定期评估主要目标。该指标可以包括销售、盈利能力、增加新客户的数量、增长市场合作伙伴、新员工的数量、客户满意度、员工离职率、库存周期、设立新办事处的数量、返修，甚至在投资回报率高的领域内新筹募资金的次数。无论选择哪些具体指标，公司的发展必须构建系统以跟踪和测量这些性能指标，并用适当的专业知识来理解、分析和妥善应对反映出来的数据。

* 开发高质量的产品和服务。正如资深企业家和职业顾问一直告诉你的，如果"狗不吃狗粮"，那么 ALP 计划将是完全无效的。作为这一部分的结束语，所有的业务增长和智慧资产的利用计划必须围绕着客户想要和需要的一系列高质量的产品和服务这个主题。

第八章
收获智慧资产的影响力：
合作企业、客户、渠道合作伙伴、许可、合资与特许经营

> 创新主要来源于无形资产的投资。当这些无形资产投资成功地商业化，并通过专利或者先发优势获得保护后，就会转化成有形资产，创造企业价值，推动企业发展。
>
> ——巴鲁·列弗（Baruch Lev），纽约大学金融教授

几个世纪以来，农民已经认识到农业协作带来的高效率。从农业革命迈向工业革命开始，人们对选择合作还是选择竞争就总是争论不休。企业家因为提供其竞争者所不能够提供的产品和服务而收到回报，科学家和工程师因为对其创造发明的使用赋予排他权的专利而收到回报，科研人员和教授因为发表大量成果获得职位而收到回报。但是，随着工业革命向数字化革命的变迁，在我们当今所处的世界，知识、最佳实践、智慧和数据比以往任何时候都更容易获得，合作的壁垒正在缓慢地消融。

在当今时代，发达的社交网络、不断发展的开源软件、强大的留言板和用户群，都已经迫使企业去重新定义商业模式、品牌战略和合作政策。科学家和工程师们正在将解决问题的思路从"向内"转向"向外"，或者以更加开放的方式，商界领导者和战略家们紧随其后只是一个时间问题了。在一个希望从里到外互相分享的文化中，向团体工作、合作、联盟、众包、知识共享和交叉许可等模式发展的趋势，将重新定义知识产权法律，更好地发挥它们的价值，促进它们的发展，从而使我们全球化社会的意识或智慧达到更高水平。

第八章 收获智慧资产的影响力：合作企业、客户、渠道合作伙伴、许可、合资与特许经营

合作企业与联营企业

从本质上来说，合作企业和联营企业是一种组织结构和战略，其理念是许多人共同工作能够完成单个人无法完成的那些事情。如果所有种橙子的果农联合起来，共同将橙子投放市场，建立销售渠道，打造品牌质量，就像新奇士果农一样，能达到运作更加容易、效率更高而成本更低的效果，那么何必需要每一个种橙子的果农单独去做这些呢？有些行业已经开始采用合作的商业模式了，比如 ACE 五金超市（集中库存订货和统一广告宣传）、贝斯特韦斯特酒店（集中预订系统和统一品牌推广）、EPIC 药店（集中采购和市场宣传）。同样的，葡萄柚和蔓越莓种植者凭借欧氏丝柏（Ocean Spray）品牌、扁桃仁种植者凭借蓝钻石（Blue Diamond）品牌、葡萄种植者凭借韦尔奇（Welch's）品牌、奶农们凭借蓝德雷（Land 'O' Lakes）品牌，都在采用这种合作的商业模式。这种模式也同样应用在健康护理、金融服务、医疗、殡仪馆、儿童保育、教育、保险和房地产行业。在有些实例中，研发资源已经集中在一起，通常是为了共享资源，共同探讨令人费解的问题，或者提高研究效率，或者为了在获取研发基金的竞争中取得更有利的地位。在一些存货周转率低的业务中，例如水管装置和照明设备的供应，通常形成合作伙伴，从而在价格谈判中获得更大的优势，增加他们对于制造商的采购资金杠杆，提高产品分销和库存管理的效益。

要想寻找更多的商业合作资源，可以访问国家合作经营协会（NCBA）的网址 www.ncba.coop。国家合作经营协会创建于 1916 年，初始名称是美国合作联盟（CLA），1922 年改为美利坚合众国合作联盟（CLUSA），直至 1985 年改为现名。国家合作经营协会是第一个国家级的合作组织，在它成立的近 80 年中，一直致力于发展、宣传和保护各类合作组织。国家合作经营协会是合作组织的官方声音，帮助合作组织在复杂多变的政治经济环境开展竞争。2000 年，国家合作经营协会成功游说了互联网名称与数字地址分配机构（ICANN），将合作理念带向了前沿技术，为合作创造了一个排他性的互联网顶级域名——.coop。2002 年 1 月 .coop 域名开始启用，时至今日，已经有超过 6000 个 .coop 互联网地址，数十个行业都在应用这一创新模式。

与合作和联营结构的战略模式相近的还有联合会、合伙人、采购集团、多方结盟、专利联盟、众包、多层次营销计划、渠道合作等，某些情况下还会有不同类型的交易协会、俱乐部和不同历史渊源的社团。

即使在当下所处的社会，我们也正在通过互联网形成一个知识和智慧的共

享池——从维基百科到 P2P 网络、留言板和微博文章评论。所有这些都促进了虚拟知识的合作与协作，就像图 8-1 所示那样。这种驱动创新的趋势已经在全行业中展开，诸如软件、生物技术、工业设计、环境产品、农业，以及行业纵向和横向交叉的新行业。科学家更喜欢将一些特定问题在交叉行业和多样化的网络公布，他们的解决方案可能会来自各种各样的资源。创新既在不同领域的交互碰撞中产生，又在行业的纵深处出现。

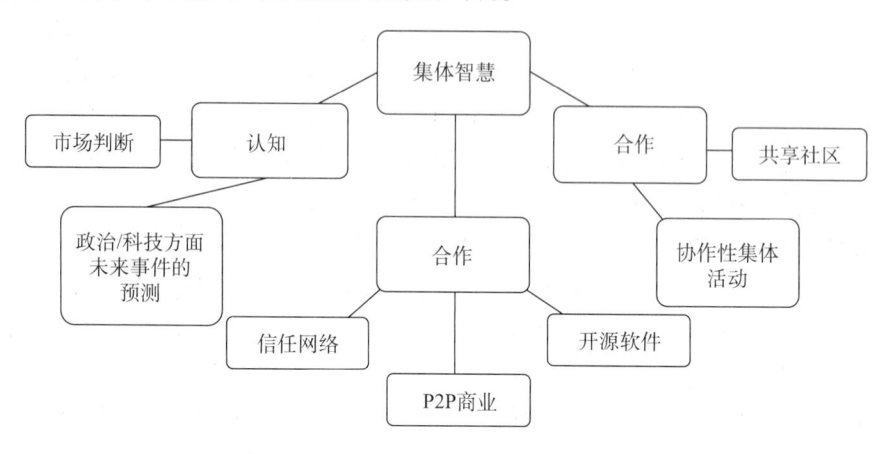

图 8-1 实现知识集中共享的演进过程

我们正在分享一切——从维基百科、Web 2.0 的知识，到汽车和其他形式的交通工具，形成了诸如 Zipcar 和 Velib 这样的租车概念，再到 Netflix 的 DVD 租赁理念（如图 8-2 所示）。知识分享方式的不断发展创新，将会推动未来产生更多收获知识产权成果的合作联营结构。

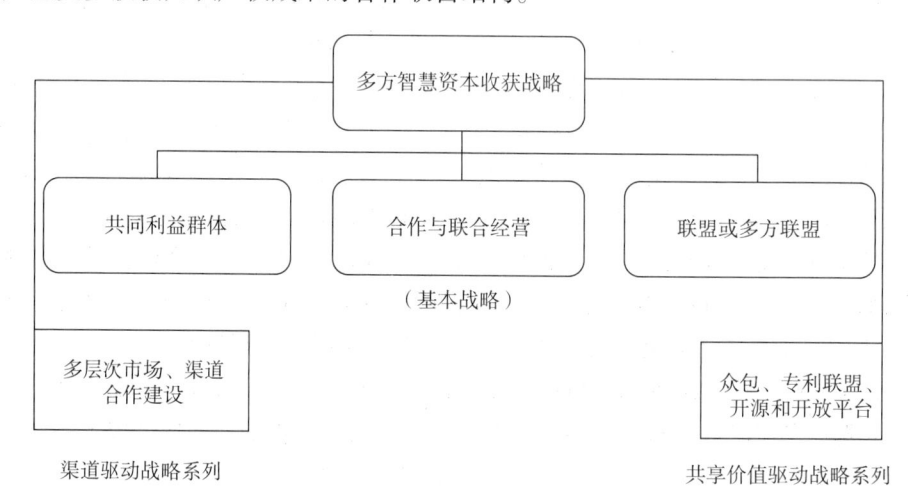

图 8-2 收获战略的类型

第八章　收获智慧资产的影响力：合作企业、客户、渠道合作伙伴、许可、合资与特许经营

专利联盟

今天的智慧资产耕耘者，必须从图 8-2 所示及本章所解释的多种战略方案中作出基础性的选择，为每一种作物构建围墙和护栏，以保护其产权。全球有很多企业对保护它们的产权、生产过程、系统、配方和最佳工艺都保持高度警惕，通过高度坚固的防护墙和坚不可摧的栅栏进行有效保护，例如肯德基的 11 种神秘药草和调味品，可口可乐的秘密配方等，并因此取得了丰厚的回报。还有些企业使用相对透明、易入的尖桩篱栅和农场大门式的墙，采用更加合作的精神，集中它们的智慧，希望通过分享智慧来提升群体中所有股东的权益，同时市场和社会都能够从这种团体共同推动的方式中获益。

这些政策和法律策略可以是仅凭邀请形式、可扩充、受很少规则或许可/加入协议约束，或者是完全开放的。例如，在完全拥有驱动 iPhone 手机的技术时，苹果就开始"邀请"成百上千的企业家和成长型公司，鼓励它们在签订许可和收益共享协议的条件下，为 iPhone 手机用户开发应用。这种合作理念对苹果而言是巨大的成功，它将成本以及创意重担转移到了数千计的极具想象力的人肩上，对应用开发者而言也是巨大的成功，因为省去了开发硬件和平台的显著成本，而且可以通过开发基于现有平台的娱乐和活动获得收益；对于那些发烧友用户群体（能够排队等待近 24 小时只为获得购买最新版本 iPhone 手机的优先权）而言也是巨大的成功。

这些互利互惠的理念引导了近期专利联盟的快速发展，专利联盟是一种技术合作和联营的形式。在一个专利联盟中，每个公司将其拥有的专利与其他公司拥有的专利组合在一起。这些专利联盟使得使用者能够同时获得许多公司的专利，从而避免"专利丛林"的难题。很多情况下，专利联盟在建立专利联盟的协议中就明确了价格表，确保使用者一旦选定某项专利后，任何一方都不能提取很高的费用或者增加收费。为了在反托拉斯法的监督下获得共同的战略目标，专利联盟中的专利持有者保留了向专利联盟外部许可专利的权利。

专利联盟的出现可以追溯到 19 世纪 50 年代（1856 年缝纫机械联盟的发展），但直到最近几年，在克服了反托拉斯法的挑战和影响后，在有效保存资源的愿望和通过网络实现更加高效交流与合作能力的推动下，取得了快速的发展。2000 年，专利联盟覆盖的专利产品和服务的价值在美国达到 1000 亿美元，多方标准已经涵盖了所有的高科技产品，而且这一联盟运动的范围将在未来继续扩大。在许多行业中，领导者都对"专利丛林"的快速发展表达了不满——既产生了数量巨大的多重奖励，又带来了成本上升和旷日持久的诉讼。

> **IP** 收获无形资产

很多情况下，技术分享已经成为一种补救方法。

准备建立专利联盟的行业范围正在扩大。由于专利联盟过去几十年来在基础制造和电子领域发展非常成功，对于当前到处出现、不断增多的专利许可诉讼问题，比如在生物科技相关领域内的问题，专利联盟也被认为是一种潜在的解决途径。例如，在研究进展缓慢的艾滋病（AIDS）和乳腺癌等疾病领域中，已经有大量的投资涌入，希望通过建立专利联盟来获得多样性权利。

专利联盟并不仅仅是企业之间互相分享技术的一种方法。21世纪第一个10年中，开源软件的快速发展醒目地出现在大量的新闻媒体报道中。红帽公司（Red Hat）和VA Linux公司数十亿的初始公共支出，IBM介入开源业务并在这些项目中投资了数十亿美元，以及最近微软公司对曾经愤愤不平、表示反对的Linux的投入（尽管是有条件的），这些事件都被大量地记录在报道中。还没有被大家认识到的是，开源仅仅是重塑高科技行业的技术分享的冰山一角。专利联盟、标准制定组织以及技术许可方面的尝试，正在对企业如何寻求开拓新领域产生深远的影响。

各种各样的创新公司促进了专利联盟的建立，而这些具有不同目的的公司使得它们的专利能够基于共同条款而获得许可。一个例子就是用于DVD和高清电视等产品的数字视频压缩标准MPEG-2。这一标准由国际标准化组织发起，但在标准制定过程的竞争中，知识产权诉讼成为最重要的关切点。MPEG-2标准专利联盟最终于1993年形成，推出了专利许可的统一方式。在电缆行业的研发联盟——美国有限电视实验室（Cablelabs）的引领下，成立了MPEG-2标准专利联盟。尽管专利联盟成员们具有不同的动机，但这一联盟还是几乎囊括了本领域的所有重要参与者。专利联盟的成立，极大地促进了MPEG-2标准的应用。

开源与开放平台

在一种类似于伍德斯托克（Woodstock）的经营模式中，一些企业开始采用与联盟完全相反的方法，即不再是构建更高的墙和更坚固的栅栏保护它们的地盘，而是倾向于让所有人及其资产参与到企业中去。在这种经营战略中，科技企业完全公开它们的战略意图，将它们的商业模式和战略目标转移到社群驱动的创新平台中去。

许多公司已经迈出了采用开放源代码战略的根本性的一步。有些公司公开了一些现用的专有代码，然后附加了基于开放源代码研究开发成果的管理结构。例如，IBM向Apache软件基金会（Apache Software Foundation）公开了云

第八章　收获智慧资产的影响力：合作企业、客户、渠道合作伙伴、许可、合资与特许经营

景（Cloudscape）项目的500000行源代码，以及一个位于软件应用内部的简单数据库，而不是一个完备的数据库。惠普向开源社群公开了谱对象模型链接（spectrum object model linker），帮助Linux社团编写连接Linux与惠普RISC计算机结构的软件。这一战略更像是送出剃须刀（公开的源代码），从而能够卖出更多的刀片（IBM和惠普希望提供的相关咨询服务）一样。

如果你决定跟随这种面向社群、基于用户的创新方式，这里提供一些有效的合作管理指导和建议。

* 管理。清楚由谁决定内容、地点和方法。明确如何打破僵局。

* 资金。清楚从何处、如何筹集资金，完成预定目标，确定合作对象。这一点在初始筹资阶段之后非常重要，比如当有"额外资本要求"时。

* 人员配置。问清楚合作者或者社群如何配置人员？合作成员如何选择？由谁支出经费？如何评估他们的业绩？

* 分界线。确信外部社群明白哪些是只属于你的，哪些是能够让所有人分享的真正的开放内容。

* 改进成果。清楚契约和参与规则。在这个开发测试环境中行动的规则是什么？谁享有改进成果、新版本及其他成果？

众包模式与大众智慧

当《谁想成为百万富翁？》（Who Wants to Be a Millionaire?）节目的主持人吉斯·菲尔宾（Regis Philbin）鼓励游戏秀参与者"向观众寻问"时，然后很短的几秒后，就产生了一个为参赛者提供最终答案的民意调查结果，一种全新的智慧资本经营模式诞生了！尽管称颂吉斯是这种模式的先驱有些搞笑，但是"向观众寻问"这种有效的智慧资产经营方法，已经应用于产品改进、产品设计、分销渠道、顾客服务、商标、竞赛和试样的反馈调查中好多年了。在本节随后的内容中，我们将会看到，3M、必能宝公司（Pitney Bowes）和IBM都在全球建立了顾客创新中心。Web 2.0的发展显著地增加了众包模式、粉丝页面和其他趋势的容量和潜力。

社交网络、Web 2.0、众包模式工具和策略的影响，对于公司品牌、定位以及从合作策略到普通的赠券推销，都变得非常关键。如今，在所有主要的社交网站页面（包括国外的社交网络）上呈现非常重要，比如在Facebook、LinkedIn、Yelp、Ning、Flickr上。你的目标应当不仅仅是积累"朋友"，还要为跟踪你的公司发展的群体建立一个粉丝页面。移动互联市场和广告预算在2008年已经达到6.48亿美元，预计2013年将会达到33亿美元。截至2010年

冬，AppStore 为苹果手机提供了超过 10 万种应用程序，累计下载超过 10 亿次。据国际无线电通信行业协会（众所周知以前的首字母缩略字 CTIA）估算，每个月发送的文本信息超过 1200 亿条，每年发送的文本信息超过 1 万亿条。

看看下面的事实。

* 2010 年 6 月，社交网站超过个人电子邮件成为互联网的第三大应用，商务电子邮件排名第二，你知道排名第一的是什么。

* 增长速度最快的人群是年龄处于 35～49 岁的成年人，增长速度最快的应用是商业应用。

* 当人们使用客户合作系统在公司网站上找到你时，更喜欢通过 LinkedIn 或者 Facebook 账户联系你。

* 2011 年 5 月，Facebook 已经在全球拥有使用 40 种语言、近 6 亿的用户（从 2008 年 1 月 5000 万用户算起，在 34 个月内的增长率超过 10 倍）。

* 2010 年 11 月，Twitter 拥有 1.75 亿用户，从 2008 年 1 月算起的话，增长率达 1300%。

* 2011 年 3 月，LinkedIn 的会员达到了 1 亿，其中 2011 年的 1 个星期增加了近 100 万个新用户。

* 如果你想把你在互联网上读过的或者撰写的一篇文章做成网摘（分享），你可以从超过 50 个网站或服务中选择一种（比如 Digg、Reddit、Propeller、Technocrati、Faves、Kaboodle）。

社会媒体和众包模式驱动的创新战略的表现形式，还包括维基百科和其他社群创建的信息网站，以及 LinkedIn 和 Plaxo 等业务驱动的网站。此外，社会媒体和众包模式还包括从你的团队在 YouTube 和其他内容分享网站上的发帖内容，到你的忠诚客户在 YouTube 和其他内容分享网站上的发帖内容。社会媒体创新战略包括博客（或者播客、网络直播）的准备和散播，通常是以思想领导者的角色每周或每两周出现在你的目标观众面前，让他们同步收到更新信息。利用简易资讯聚合（RSS）反馈的关键词语对博客进行优化，在博客上为技术方面的观众作标签，将博客立即上传到你的 Facebook 和 MySpace 网站，都有助于增大你的网站业务量。感兴趣的读者可以评论转发你的博客，或者包含你的博客、网站以及社交网站页面的超链接。在线比赛、促销、优惠和类似工具可以作为网站张贴的一部分内容，能够增加你的网站业务量，从而加快了顾客或者合作渠道驱动的创新和众包模式。

许多企业已经将这种基本理念用在了产品创新、实时生产和客户反馈中。

第八章　收获智慧资产的影响力：合作企业、客户、渠道合作伙伴、许可、合资与特许经营

彩滋网（Zazzle）❶就是其中的市场领导者之一。这家企业几年前就开始在以纽约市为主的范围内，提供实时制造顾客自己设计的T恤衫的服务，从而减少成本和存货。彩滋网已经大幅扩张了它的生产线，涵盖了由顾客自行设计的大量普通用品，提供了从夹克到精品商品的产品。彩滋网宣称在它的网站上有超过3670万种选择，这是大势所趋吗？我在谷歌上输入词组"顾客自己设计的产品"（Custom Products designed by you），结果显示有超过7100万次的点击量！

基恩·阿丁顿（Keene Addington），芝加哥地区连锁餐厅平顶烧烤（Flat Top Grill）的总裁，就是利用社交媒体紧贴顾客，并向顾客寻求主意的一位企业家。2011年1月，他安排一个全职的市场营销人员，通过电子邮件和Twitter尽可能地与连锁店的75 000名顾客沟通交流。有一位顾客建议提供顾客自制生菜卷的服务。现在，这种生菜卷成为这家连锁餐厅最受欢迎的开胃品。

对于加拿大的鞋履设计师约翰·弗沃科（John Fluevog）来说，顾客要比提建议做得更多——顾客设计产品。弗沃科发起了"开放源码鞋类"工程。任何人都可以向在线顾客群提交鞋的设计，并由他们根据个人爱好进行投票。在过去的几年中，弗沃科收到了超过1000个设计方案，并把其中的一打变成了市场中的鞋。弗沃科在开放源码理念上再迈进一步，让顾客投票选出他现有的生产线中哪条应该砍掉、哪条应该保留、在哪条生产线上打印广告。大多数顾客说什么，公司就做什么。在顾客为青茶丁字型（Sencha T-strap）高跟鞋选出颜色组合后，这款鞋成为2007年秋季畅销鞋之一。尽管经济衰退，但这家115名雇员公司的同店销售额和销售总额仍然持续增长。

以前放在公司午餐室和商店接待柜台上的老员工及顾客建议箱，在Web 2.0引领的环境中，已经被替代和自我授权了。网站已经不再是单向交流工具——单向交流网站只不过是在线的说明书而已。现在的网站是互动和动态的，提供工具、论坛、粘贴、网络、用户群以及更多传播媒介。通过利益主体（顾客、厂商、供应商、竞争者、行业观察者、媒体、研究机构）更深入、更广泛的交流，共同构建了公司的生态系统。在商业模式、产品或者分销水平上的重大突破、渐进创新机会，已经不再能通过定期集中讨论、用户年度会议，或者搜集"棘轮扳手大创意"之类的建议箱获得了。今天的创新和反馈信息来源更可能来自Facebook的粉丝页面、LinkedIn的用户群、一个行业观察博客、MySpace上的一则粘贴内容、YouTube上的一段视频、BBM或者ICQ上的一个文本信息、Twitter上的点赞或不满推文。今天的顾客能够方便地交流关于最近的一餐、最新的歌曲或电影、喜爱的电视剧的最新情节、刚

---

❶　美国电商网站，提供在线个性化定制产品——译者注

IP 收获无形资产

刚在零售店的经历，或者在各类平台上以各种方式对前任男友的遐思冥想等个人观点，所有的这些都应当得到各类行业各种规模的企业的认真关注。

如果你想在这个新的民主社会里控制或者影响讯息，很可能会使你陷入窘境。另一方面，如果你完全忽视它，你可能会错过学习和提高的各种各样的机会，导致被市场抛弃。如果你能找到影响和倾听的合适平衡点，你就能够让你自己被选为下一任美国总统，就像2008年奥巴马竞选基金在执行了精心策划的Web 2.0计划后胜出一样。

构建有效的多渠道伙伴关系

全世界的经营管理者都知道，生产和分销必须齐头并进，否则就会产生严重的后果，导致生产的停滞。在2010年的收获季节，据新德里的杂志《印度》（Hindustan）报道，由于销售渠道不畅，仅在旁遮普和哈里亚纳邦就有超过67 000吨的粮食腐烂了。在一个数百万人口面临饿死威胁、超过42%的人口处于贫困线以下的国家里❶，基础设施和分销渠道的效率怎么会存在如此大的差距？创新的应用应当不局限于生产方法，也应当应用于分销。有效的基础设施、运输渠道合作和激励措施必须要到位，将需要的产品和服务送到正在等待消费的饥饿的市场中。

极度需求的粮食竟然腐烂的失败案例并不限于农业行业。在全球数百个行业成千上万的公司中，同样存在由于分销低效和官僚作风导致的知识产权存货"腐烂"的情况。由于过时的、状况不佳的、失效的分销渠道的妨碍和阻挡，人们长期低估市场对于解决方案、新产品和新服务的渴求。如何在广泛的行业和各个企业间使分销渠道畅通？谁应当成为领导者来负责分销渠道的改革革新、培训、扶持、激励零售和交通物流，从而确保市场需求得到满足并且发现新的营利商机？谁来确保在我们的星球上，能够滋养饥渴心灵的知识产权不腐烂在树藤上或者粮仓里？

对于本书的读者来说，解决这个问题的第一步，就是要提交一份关于渠道和分销伙伴效率的整体性、战略性的列表，提出一些关键问题，比如：

＊怎么样、什么时候和为什么建立销售渠道？当初建立销售渠道的原由是否仍然存在？

＊渠道合作伙伴是否仍然精力充沛地、主动将业绩维持在最佳水平？还是渠道合作关系已经过时、疲倦、僵化了？

---

❶ 世界银行研究，2005年6月。——作者注

第八章 收获智慧资产的影响力：合作企业、客户、渠道合作伙伴、许可、合资与特许经营

* 构成渠道合作的主要经济合约条款是否仍然提供共同的奖励、激励和执行不力的惩罚？还是惩罚模式没有与时俱进，已经不能达到预期目的了？

* 地理上的分配、保护和偏好是否仍然相关？它们有没有与人口统计的变化和当前发展趋势同步？范围太大还是太小？

* 什么项目正在支持、加强和训练渠道，使它运行在更高的表现水平上？当今的训练方法和技术是否正在用于分享最好的工艺和新产品新服务展示中？还是只当作年度会议中"橡胶鸡"晚餐上另一个排在第二的动员演说？

* 你和你的渠道合作伙伴间签订的法律框架和条款是否仍然发挥作用？他们是代理商还是分销商？他们是权威、可信的还是马马虎虎的？业绩平平和缺乏忠诚的分销系统是否应当转变成特许经营系统？由你直接操作还是由权威的第三方进行？

* 终端客户的服务是否到位？你的渠道与最新模式的渠道相比是否仍然有竞争力？能对这个渠道期待多少忠诚度和尽责度？销售你的竞争对手的产品和服务的能力如何？

新型的耕耘者必须要担负起建立、维护、扶持最具创新力、最高效、业绩最好的分销渠道的使命。如果会议室或者制造厂的创新不进入有效的交易渠道，通过增值的方式到达最终目标消费者，就无法最终驱动股东价值的增长。如果消费者不知道你的存在，或者不知道如何找到你，即使你构建了分销渠道，他们也不会来。而且，如果没有优质的客户服务，消费者也不会再来。品牌、渠道建立、客户服务及保障体系的创新，都必须成为新型耕耘者的剧本和年历。

今天的智慧资产耕耘，面临着许多与渠道发展相关战略和合作关系管理的问题，诸如从渠道的初建到合适渠道合作伙伴的选择，再到渠道整体的发展和合伙组织中个体的发展。至于多渠道的发展和维护，以及各种类型渠道合作伙伴的发展与维护，也还有许多挑战需要一一化解。

渠道合作关系能够成就一个企业，也能够毁掉一个企业。如果你赖以有效到达终端客户的代理商——无论是价值链中的经销商、分销商、系统集成商、增值服务商、代理商，还是特许经营商是状况不佳的、僵化的、业绩不振的、不专注的、不懂感恩的、缺乏想象力的、懒惰的、厌倦的或者不忠诚的，那么你的品牌、股东价值和最终效益将会受到直接的破坏性冲击。如果时间、精力和资源能够用来培育、扶持这些关系，企业就非常可能达到甚至超过它的增长目标。强大的渠道合作项目作为企业的一种关键增长优势，它的角色和重要性绝对不能低估。

在试图建立一套健康的、能够创造利润的渠道关系时，各个行业中各种规模的企业都会遇到许多挑战。图 8-3 中着重展示了渠道建设者和渠道杀手的

异同。这些异同包括：

* 在一个快速变化和高度竞争性的国内及全球性市场中，促进渠道的忠诚度和业绩表现；

* 维护和加强思想共享，增强你的渠道合作者之间的忠诚度以作为一项竞争优势；

* 对由于缺乏支撑、工作倦怠、自满等影响的市场份额、销售、新产品推广和使用方面，要消除扁平化渠道的影响；

* 在提高渠道效率的同时，降低渠道合作关系的维护成本；

* 过于关注渠道创建者制定的从上而下贯彻的增长目标，而不是建设和增强渠道合作关系，培育自下而上的营利能力；

* 公司总部和渠道合作者个体之间，没有及时有效地沟通、调整经营目标、对象和业绩指标；

* 过分强调销售培训和新产品展示，轻视甚至缺乏在基本的经营管理、现有业务增长培训和渠道整体健康性方面的责任；

* 没有采用有效的方式配置公司渠道资源，促进渠道合作组织内的支持、培训和财务业绩；

* 分析当前渠道的业绩情况，剥离效率低下的渠道关系，将渠道管理的时间、精力和金融资源聚焦于构建能够创造利润的关系，激励新型的、更有潜力的合作关系。

渠道创建者	渠道杀手
• 定期且有意义的沟通	• 出现政治和势力范围斗争
• 选择能够为母公司增加新份额、打开新市场（例如联邦政府销售）的合作伙伴	• 允许合作伙伴变得"又肥又懒"
	• 未能合理评估来自渠道的负面影响
• 支持能够带来真实需求和新产品线的加强研发/创新和改进	• 选定的市场范围太大或者太小
	• 合作者之间仅在出现问题时沟通，缺乏主动的、定期的头脑风暴机会
• 支持增值领域的支撑和教育	
• 主要通过渠道合作伙伴寻求创新的解决办法，并非全依赖母公司	• 没有理解、认识和支持不同渠道合作伙伴市场的细微不同之处
• 定期对渠道合作伙伴进行绩效审计和市场分析	• 允许用年度高尔夫和牛排晚宴会议来替代增值服务
• 持续关注最终消费者的真实需求和竞争力	

图 8-3 增强和削弱分销渠道的变量

在建立一套高效的渠道合作关系时，必须要考虑到如下的战略性问题。

* 在分析当前渠道关系的成功时，你投入了多少时间、精力和资金？

第八章 收获智慧资产的影响力：合作企业、客户、渠道合作伙伴、许可、合资与特许经营

* 当前渠道的功能是什么？
* 当前你是怎样将你的产品和服务推向市场的？
* 在现在的渠道合作商那里，你的产品或服务份额是最大的吗？
* 你如何判定一个成功的渠道关系？你如何处理一个表现不佳的渠道关系？
* 你打算采取什么方法管理、激励、教育你的渠道合作商？如何与他们沟通？
* 在与原有的、新增的和未来的渠道合作商互动中，你的方法有哪些不同？
* 最近你在加强和扶持渠道方面采取了什么措施？
* 你是否已经找到了一套在横向和纵向上协作的方法？
* 你是否已经与每一个渠道合作商在目标、战略、责任和能力方面分别达成了清晰的协议？
* 你的每一个合作伙伴是否都清晰地知道他们的目标和业绩指标？
* 这些目标和业绩指标多长时间重估和更新一次？
* 全球化经营模式和能力的不同，对你的渠道合作关系有效性的冲击如何？
* 你最近是否采用了对所有渠道合作商进行单独评估业绩的方法？最低业绩标准是否合适？为什么合适或者为什么不合适？最低业绩标准有没有提高？如果没有达到最低业绩标准会有什么后果？
* 你的渠道合作商对于你的产品和服务的替代品有何选择？你如何鉴定、维护和提高你的竞争优势？
* 渠道合作关系中的经营模式运行状况好吗？还是不清楚？抑或是状况不佳？
* 渠道中是否存在横向的或者纵向的冲突？如果是，产生的是什么类型的冲突？如何产生的？什么时候产生的？以什么样的代价？
* 你与最终消费者是如何隔离的？这种交流障碍有没有损害到产品的发展？

许多智慧资本经营者为渠道合作伙伴提供销售团队培训服务，但是很少有渠道创建者和管理者能够为渠道合作伙伴提供确保业务合适增长所需的支持和培训资源。这种培训意在通过企业和它的渠道合作伙伴现在的关系，提供明显的增值服务，培训应当根据图8-4的指导来设计。众所周知，良好的关系和强有力的渠道合作伙伴能够对收益产生显著的增长效果。

渠道合作伙伴培训项目的核心应当聚焦于：（1）支持能力最强的合作伙伴（A类）；（2）提高能力一般的合作伙伴（B类）；（3）放弃能力最差的合作伙伴（C类）。智慧资本经营者必须制订渠道合作伙伴训练项目，以满足你的渠道合作体系中不同合作者的各种需求，包括对于那些不能改造的C类合作伙伴的放弃战略。合理数量的C类合作伙伴向B类合作伙伴、B类合作伙伴向A类合作伙伴的简单转换，就能够显著提升渠道业绩和公司的整体利润。

合作伙伴特性	培训重点	目标
A类中最强者	战略规划 扩张战略	使他们保持强劲、忠诚、主动和专注 收集分析"最佳案例"
A类中失去目标者或者合作关系已经陈、旧、懒散或厌倦者	成功规划 经营规划 目标调整	为他们的承诺重新注入活力 带来新激励和新主意
具有A类潜力的B类	经营规划和资本结构 创建有效的团队 指导进入更高层级	为他们提供成长的工具 指导他们进入A类
表现不佳的B类	激励 业绩不佳分析	分析成长障碍和挑战 设定目标和业绩 组织分析
表现不佳的B类	经营规划基础 战略表现审核 领导力和管理指导	深度分析业绩，使他们进入B级 重点关注经营计划和销售培训
C类中的最弱者	转移和放弃	终止合作关系

图8-4 通过动态和目标明确的培训提高渠道合作伙伴的业绩

合资与战略伙伴

一千多年来，各类农民一直相互帮助种植，灌溉，收割，将他们的农作物卖到市场。设想一个农民不与其他拥有共同目标、能够通过成功获得收益的农民建立战略性和互助互惠的关系，就能取得成功，这是幼稚、自大和徒劳的。在19世纪和20世纪，先驱者们就学会了将武器互相集中起来，共同承担探索新领地的负担和成本，更好地保护他们免受敌人袭击。事实是，农民们知道这些已经几个世纪了，公司和产业好像直到最近几十年才认识到这种形势。

19世纪末期的工业革命期间，铁路行业经常采用合资结构。在20世纪中期，合资结构普遍存在于制造业中。20世纪80年代，伴随着寻找新型的竞争战略，合资快速地出现在技术、医药和服务等行业。在1990~2000年，全球有60 446件合资交易，其中60%是跨国交易，仅有40%是国内交易。

作为一种智慧资本运用战略，合资和联盟可以动态地形成横向或者纵向的

第八章 收获智慧资产的影响力：合作企业、客户、渠道合作伙伴、许可、合资与特许经营

结构关系。它们可能由研发驱动、分销驱动、市场和销售驱动、人力资本驱动，或者金融驱动。它们可能由两方构成，也可能由多方构成（如果是多方参与，合资就变成了合作或者联营，如本章前面所讨论）；它们可能是直接竞争对手（适用于反托拉斯法的管制）、全球的行业翘楚，甚至可能是你所在行业外的或者你的供应链、分销链上的任何企业；它们可能是开放式的，也可能是封闭式；它们可能是由于发展的需要推动建立，也可能是由于生存的需要推动建立，比如"痛苦的"合资，就像2009年经济大衰退时期克莱斯勒汽车和菲亚特汽车一样；它们也可能采用战略合作伙伴、交叉许可、联合品牌或者技术转让协议等方式。合资的典型目标主要是如下一种或者多种：（1）通过交换权益和/或智慧资产或者分销权，获得直接资本注入；（2）创造"替代资本"，即通过合资获得那些原本需要资本买入的资源；（3）转移发展的负担和成本（通过许可），换来潜在更大的上升空间。

这些不同类型的合伙协议已经被用于多种经营目的，实现智慧资本运用目标，包括共同研究和共同推广、分销和商业化（特指国防部和政府的承包商为那些最初为军队和政府部门推出的产品寻找新的应用和市场）、新技术的交叉许可使用和许可证转让。这些协议的参与者可能位于价值链或者分销渠道的许多位置，交易涵盖了从直接或者潜在竞争者（比如从初期的合作者而非竞争者，到形成联合体、联合力量抗衡更大的竞争者）签订的协议，到实力相当的制造商（比如希望扩张、整合产品线）签订的协议，从而联合处于纵向分销渠道（比如为了提高分销效率）上不同位置的部分。

在客户层面的创新与合作伙伴关系

3M于1997年开创了开放型纵向战略合作伙伴关系模式，目前这种模式已经成为全球以客户为中心的战略合作驱动创新的典型。虽然3M以其淡黄色的"Post-it"商标获得了最主要客户的品牌认同，但实际上它已经在更广泛的行业领域中经营和创新，生产或联合生产利润丰厚的产品几十年了，诸如在交通运输、电子、健康护理、安全保密和家居休闲行业中。2009年，3M在日本住友创建了它的第一家开放式客户创新中心，通过更贴近它的客户——在战略上和文化上——来促进创新。与Web 2.0和社会网络化趋势下的在线客户互动相反，3M依托于真实的物理建筑和良好的旧式面对面互动，激发新创意和产品发展。尽可能地获取对客户需求、消费类型、偏好更深的理解并作为创新的主要来源，这是我们可以从中学到的经验和策略。

3M现在在全球经营着23个客户创新中心，遍布巴西、印度、俄罗斯、中国和迪拜等国。这些中心通常坐落在3M自己的研究机构附近，从而能够确保

合作、交流和数据共享免于距离和政治的影响。3M 发现，雇员与客户面对面互动所获得的顾客意愿，与通过在线方式单调地了解到的客户需求相比，有非常大的差异。这种做法不仅引发了新产品创意和产品改进，也建立了与各种客户的合资和联营，包括借助于与威斯汀（Vistean）的伙伴关系开发灯光与电影技术，以及重新定义汽车仪表盘的形状与功能。

不同行业的许多公司已经应用 3M 的这种模式。2006 年，好时公司开设了聚焦于零售客户的第一家客户创新中心。这家中心包括一个体验设施和一个测试商店，用来测试和调整产品企划。客户的整个购物经历都被监视，并认真仔细研究。2009 年，必能宝公司在康涅狄格州谢尔顿开设了它的第一家客户创新中心，其核心活动就是公司的新一代 IntelliJet 彩色指针系统。在必能宝公司创新中心，客户被邀请与新系统互动，能够分享他们的亲身观察感受，也可以将客户自己的应用下载到系统上，这些对于未来新产品改进将产生直接影响，同时也促进了现有产品的改进。许多全球化的科技企业也采用了这一套体系。IBM 的商业合作创新中心，向客户展示了 IBM 系统组和软件组，客户获得了学习、评估、设计和测试 IBM 一整套硬件软件产品及解决方案的机会。客户的亲身测试，为 IBM 提供其对有关解决方案在现象实施前的必要信心。

2005 年 3 月，施乐开设了它的 Gil Hatch 客户创新中心，用来使当前和潜在客户一站式体验到数字化生产印刷设备和解决方案的全部组合。这个创新中心雇用了超过 60 名员工，每年迎接几千个客户，为客户提供了一个应用测试、培训、展示客户创新的环境。2005 年，箭牌糖果公司（Wrigley）在伊利诺伊州的芝加哥设立了全球创新中心。其在创造力和合作上的专注，加速了产品的提升和全球化。通过将客户推动的创新引入公司，箭牌糖果公司得以迅速成长为主流的甜食公司，并于 2009 年被玛氏公司收购。玛氏公司长期秉承贴近最终客户的理念，在它的 M&M 品牌下有多款创新产品。

合资与战略联盟：大卫（Davids）和哥利亚（Goliaths）

放眼全球，大公司（哥利亚类型）和小公司（大卫类型）建立战略合作伙伴关系的机会很多，能够给双方带来更加有效的智慧资本经营和股东价值提升。通常情况下，大公司合作方带来资本、人力资源和渠道，小公司合作方需要将新产品、新服务推向市场，两者在管理、预算、人员、所有权和争端解决方面的决策上产生相互依赖的关系，并且要将许多分歧消除在正式建立合作关系之前。对于大卫型公司而言，要想在与成千上万个可能进入哥利亚型公司的项目进行竞争时取得关注，创建一个可能成为合同中战略合作内容的内部亮点非常关键。建立相互尊重、相互融洽、相互信任的关系，尤其是在公司智慧资

第八章 收获智慧资产的影响力：合作企业、客户、渠道合作伙伴、许可、合资与特许经营

本管理和所有权上，也是非常重要的。对哥利亚型公司而言，当哥利亚公司的战略方向转移或者改变，合资或联营与新的战略不再相关，或者不再是公司战略重点时，领导层制订一个退出计划是非常关键的；同样，当这项工程的效果超出了所有人的预期，或者合资开发的产品证明具有显著的竞争优势时，领导层制订一个提升计划也是非常关键的。

对于许多处于初创期和新兴企业（例如大卫型公司）的领导而言，合资和联营，或者与哥利亚型公司共舞也并非唯一选择。事实上，哥利亚型公司有面向较小公司进行战略投资和风险投资的常规投资基金或非常规投资基金。令大卫型公司智慧资本经营者感兴趣的另一个方面是判断哪些技术或方案是哥利亚型公司最近放弃的，或者哪些需要通过许可、购买子公司、合资方式来获取。这些技术通常被戏称为"寡妇和孤儿"，因为常常是，数百万美元和时间精力已经投在某个项目或技术上，但由于种种原因，诸如领导层或战略方向变动，或预算不足、内部政治、项目组人员流失、竞争删减等，哥利亚型公司暂时或者永久地放弃了项目。还有些情况是，哥利亚型公司可能通过收购获得多个智慧资本组合，但已经开始实施某个特定组合了，就只能把其他组合和一些有价值的作物放在缺乏预算支持、无人关注的仓库里，直到腐烂掉。由于当时这些技术项目仅仅相当于收集的灰尘，对于大卫型公司来时就是一种典型的机会，能够以非常低的价格或者版权费获得这些项目，甚至能够得到这些资产的所有权。正如我们已经说过的，哥利亚型公司负有为它们的股东从这些无形资产收获回报现金流的责任。

有些大卫型公司在与哥利亚型公司建立关系时比较消极和被动，而有些是非常积极主动的。对那些消极、被动的公司而言，找到正确的人去讨论协商建立战略合作伙伴关系的可能性会是一个漫长而艰难的过程。有些情况下，某个特定的人或部门负责从更小的公司得到评估结果，这个特定的人或部门通常是开始开展工作的最好的地方，但也并非全部如此。

在有些哥利亚型公司中，这种接触可能更有情境性和趣味性一些。公司代表与常规供应商、厂商、客户和分销商的谈话中涉及的合作关系，更具有意义和战略性。在其他领域中，诸如政府合同、生物技术，合作和战略合作伙伴关系是收获智慧资本或者获得新的合作机会最常见的一种方式，尤其是当它们受联邦采购组织委托时。推动大卫型公司和哥利亚型公司建立合作、分包合同和成立指导关系的并非仅仅是联邦指导准则。有些情况下，哥利亚型公司内部的研发预算和团队，已经引导着它们依赖于小公司的创意和技术。无论是自发地还是默认地，这些哥利亚型公司实际上已经将新产品的研发和创新外包给它们的小合作伙伴了。从大卫型公司的视角来看，与哥利亚型公司合作所带来的资

源获取和市场化速度是难以忽视的。哥利亚型公司不愿意在创新和促进创新文化方面投入资源,导致它们严重依赖小型合作伙伴来弥补这一差距,保持它们的竞争力。有些公司的科研部门不愿意或者不能自行研发,这种机会给新兴公司提供了明显的有利环境,允许那些不同寻常的、思想自由的发明家或企业家保持独立性,避免他们被迫进入那些让他们活不过一周的文化中。

最近振奋人心的趋势是,大公司已经积极主动地寻求小公司建立战略合作伙伴关系。苹果与数千个小公司,以及更多为 iPhone 和 iPad 产品开发应用的企业家形成了这种战略合作关系。2010 年后期,沃尔玛宣布建立积极的伙伴关系和采购项目,为当地和替代食品农场主提供更多的分销机会。沃尔玛的新倡议意在与小型的食品生产者建立更多的供应关系,并且为小型或者中型规模农场主在培训和基础设施方面提供投资,尤其是在新兴市场。沃尔玛希望到 2013 年时从当地小型农场主那里至少采购沃乐玛生产量的 30%。

几年前,IBM 大量的广告提醒我们,大卫型公司与哥利亚型公司相互需要,而且经常低估它们能够为彼此带来的价值。这一情形有些像图 8-5 中所示意的。

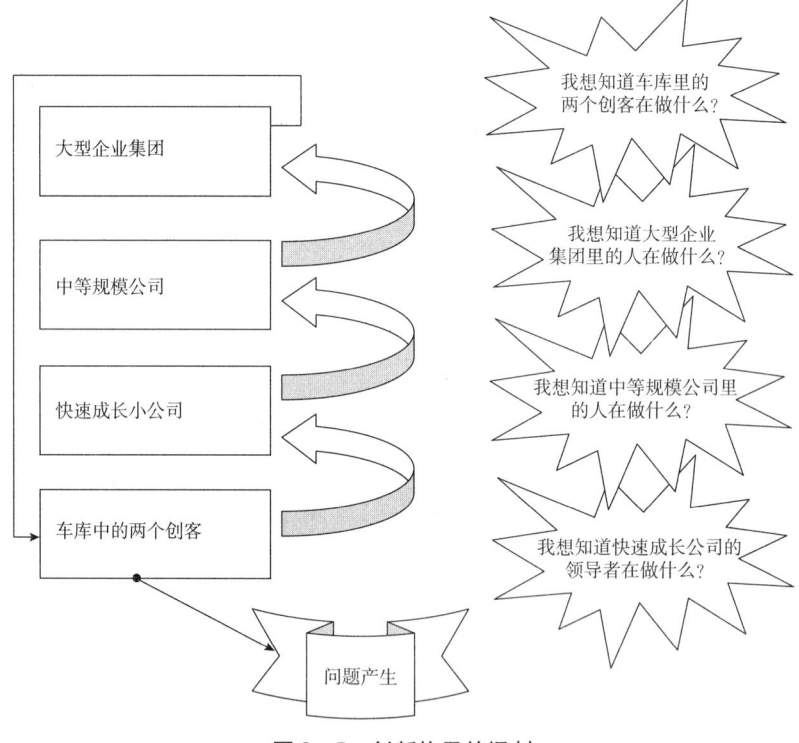

图 8-5 创新构思的讽刺

合资公司组建和管理中的最佳实践：陶氏化学

对于那些真正践行智慧资本运营的企业，建立合资和战略联盟的过程就是顺其自然的——前提是，它们任何单独一方都没有所有的解决方案、渠道、技术和人力资源去最大化股东价值。因此，通过相互合作发挥协同作用、弥补丢失的拼图就变得非常有价值，这种想法就会嵌入它们的企业战略和文化中。建立合资的最佳实践需要共享的视角、联合发展的商业计划，以及建立和管理这些复杂关系的准则。

让我们看一下 2008 年 4 月出版的《陶氏化学白皮书》（Dow Chemical White Paper）中关于合资公司的一段摘录。

合资公司，或者非合并子公司，在陶氏化学平衡收益周期波动和提高收益增长的战略中扮演着不可或缺的角色。近几年，我们的合资公司带来的财务贡献已经非常显著。2007 年的股权收益上升到 11 亿美元，在公司历史上第一次突破 10 亿美元，同时，来自合资公司的现金流达到了 8 亿美元，创下了公司的另一项纪录。本白皮书打算围绕陶氏化学的合资活动及其对陶氏化学的价值提供清晰的描述，其中特别关注了公司十多个重要的非合并子公司或合资公司。2007 年，这些主要的合资公司贡献了超过 90% 的陶氏化学总股权收益和来自非合并子公司的现金流。

在陶氏化学追求收益持续增长的战略中，合资公司是一个关键的实现者，为通过多个不同维度推进公司的战略计划创造了机会。陶氏化学和上游合作伙伴建立了许多合资企业公司，这些合作伙伴尤其专注于开发具有竞争优势且能获得成本优势的世界级的生产设施。陶氏化学带来技术、操作方法、全球影响力并且丰富了产品的多样性。它的合作伙伴带来具有成本优势的原材料、上游专业知识、当地市场份额和/或区域性的视角。这种组合给合资双方都带来了明显的竞争优势。

陶氏化学对合资公司的应用就是一种直接收获现有智慧资产的方式。请看一下来自（陶氏化学）白皮书的摘要。

通过将陶氏化学现有资产置入新组建的合资公司，陶氏化学增强了市场地位，增强了好几种商品业务的未来发展潜力，对陶氏化学来说，这种创业模式还有整合的价值，比如减少资本投资，以及未来将公司资产组合表转向更优的业务中。通过与合资伙伴共同工作也带来附加值，诸如原材料供给集成、地理版图的扩张等。有些情况下，合资公司的组建还为陶氏化学产出了大量的现金，从而使公司能够将投资机会集中在那些业绩较好的业务上。公司的合资模式已经帮助陶氏化学在几个重要区域建立了市场，进入了那些原本由于政策禁止或者受限于已经建立良好供应关系的地区。与当地公司合资，陶氏化学能够快速提升品牌影响力和市场份额，同时，当地公司由于合资而获得了陶氏化学的技术和运营经验，也形成了国内制造能力。

陶氏化学还利用合资公司促进了新技术的发展，如下面的摘录所述。

通过制定一个能够实现陶氏化学与所选择合作伙伴进行完全合作的结构，同时创造一种有效商业化的机制，合资公司就能为技术发展提供一个生气勃勃的平台。经过几年的时间，陶氏化学已经与化学行业内和行业外的组织建立了许多合资公司，尤其是在那些任何一方都不能单独取得技术突破的领域。陶氏化学凭借它的专有技术、工艺、经营表现、全球影响力、文化解读、产品范围，和市场地位/渠道，已经在全球化的化学公司中获得极大的认同。这使得陶氏化学全球范围内那些希望进入化学领域的公司而言成为非常有吸引力的合资伙伴，从而让陶氏化学能够从许多有吸引力的机会中进行选择。陶氏化学的合资组合已经遍布全球。2007年，陶氏化学的合资企业将近75%的销售份额进入北美以外的客户——亚太地区占39%。合资公司也为陶氏化学经营业务的范围作出了贡献，陶氏化学股权收益的40%来自如下的合资：

基础化学品	36%
高性能化学品	34%
基础塑料	16%
碳氢化合物	8%
高性能塑料	6%
农业科学	<1%

在构建合资公司或联盟协议前起草一份谅解备忘录

在起草明确的合资公司或联盟协议前，设计一份谅解备忘录是非常有意义的，用来阐明合作关系中所有关键点的商业合作模式，同时为律师起草正式协议准备一个基准起始点。[要想获得构建这种关系的更多信息，请看我的书《特许经营和许可：在任何经济中扩展业务增长的两种强有力方式》第20章，第四版，美国管理协会出版（AMACOM，2011）。]

这里是从那本书中摘录的一个清单，对这些关键要素的讨论能够指导你。

* 协议精神与目的。列出为什么考虑这项合作协议、协议追求的使命和

第八章　收获智慧资产的影响力：合作企业、客户、渠道合作伙伴、许可、合资与特许经营

目标。描述能够促进沟通和信任的"经营原则"。合作参与方的战略及财务愿景是什么？

　　* 行动的范围。指明合资公司包括什么产品、服务、建筑或者其他特殊项目，以及哪些不包括在合资中。明确合资公司的目标市场（例如区域、用户群等），以及哪些市场排除在合资外，仍由合作者自行主导。如果合资还有购买和供应条款，应当说明这个新成立的实体或协议，将会向/从合资方购买或提供特定的产品、服务及资源。

　　* 关键目标与责任。明确希望通过合资关系实现的特定目标、何时期待实现这些目标、预期的主要合作障碍，以及联盟自我维持、退出或终止的条件。参与方应当指定一名项目经理来负责联盟中双方公司的日常事务。如果设立一个独立的派遣机构，应当尽可能指定合资公司中关键人员配置。应当明确列出责任，让其他合作者清楚地知道自己该做什么。

　　* 制定决策方式。每一种合作关系都有它独特的制定决策过程。描述清楚在什么情况下、什么类型的决策中，谁向谁汇报、由谁拥有作决定的权力等。如果其中一个公司拥有运营控制权，那么应当在协议中指明这一点。

　　* 资源承诺。大部分合作关系涉及特定的财务资源投入，诸如现金、权益、阶段性支付和贷款担保，以实现最终目标。其他"软"资源的形式可能包括许可、知识、研发、营销力、合同、生产、设备、存货、原材料、工程图纸、管理团队、获取资本的途径、特定人员固定时间的贡献等。如果可能，这些"软"资源应当从财务上进行量化，这样就能评估它们的货币价值，并附加在内部投入的现金投入中。有些情况下，购买建筑、材料、请教顾问、获得建议等也需要资本。无论协议的形式是什么，这些外部成本都应当列出清单，并由合作双方筹集。如果预期到任何形式的借贷股本市场的进入（公开募股、私募配售等），或者购买合作伙伴的股票，都应当声明。预期额外股本注入时，合作双方应当就筹集超支费用的能力达成一致，或者让合资公司能够去寻找其他外部资源。处理超支费用的方式应当写清楚。价格和成本的核算程序应当以适当的方式提及。

　　* 风险承担和回报分配。什么是所谓的风险？怎么处理风险？谁负责问题解决？谁承担风险？期望的回报是什么（例如新产品、新市场、现金流、技术等）？如何分配利润？

　　* 权利和除外条款。谁拥有产品和发明的权利？谁拥有分销产品、服务、技术等的权利？谁拥有许可权？如果还未制订保密和竞业禁止协议（Confidentiality and Noncompetition Agreement）的终版，应当在基础条款中写明这些。或者，如果其他协议都已经签署，就在那些条款中简单提及这些。

* 预期结构。谅解备忘录的这一部分应当描述目标结构（书面合同、公司、伙伴关系或者股本投资）。无论股权交换是何种法律形式、条款、比例和规则，在这个阶段如果可能，都应当写明。默认条款和程序应当至少在原则性的层次上进行描述。

战略合作伙伴关系和"最后一英里"

在有线电视电信行业，有一个战略性的概念叫"最后一英里"。这个概念的核心是这样一种观念，即你可以铺设数千英里电缆，但是如果你不能与客户连接和通信，无法提供获得收益前的最后一点资源，那么你的所有时间和努力都浪费了。这是格言"不要混淆行动和结果"的最好的例子之一。对智慧资本收获而言，在你的业务和行业中，什么是和"最后一英里"相对应的呢？换一种方式说，尽管你有令人印象深刻的研发或者产品改进投入，但是它们如何到达最终客户的门口？仔细看一看你当前的分销渠道和战略合作伙伴，他们真的是你连接最终客户，并且不断增值的有力纽带吗？还是这些渠道和合作关系已经变成陈旧的、令人疲倦的、僵化的和毫无激情的？它们还能够重新开始、重新启动，或者重拾签约时的承诺吗？是时候全部或者部分检修渠道和合作关系，从而确保能够建立或保留带来利润的收益源？

分手是一件困难的事情

与外部合作是智慧资产经营中重要的组成部分，但它也不是包治百病的万灵药。正如美国超过50%的婚姻都以离婚结束一样，公司寻求合作也是如此，而且结果可能是痛苦的，以争夺"孩子"的监护权，收回"婚姻"资产的分销权而结束。

这里有一些可供各种类型合资公司和联盟在设立组织以及解散方面借鉴改进的方法。根据2008年微软/PTRM关于最佳创新实践的研究结论，调查对象中仅有35%的公司，在何时、是否进入合资公司或联盟（经常导致丧失机会）上，制定了评估变量并有明确意向；仅仅稍高于44%的公司在明确和选择潜在合作对象方面有意向。当评判合资公司或联盟是成功还是失败时，大约60%的公司还没有清晰地制定用来评估的外部战略、一套明确的指标，或者业绩标准。"婚前合作"和退出战略的缺失，使已经混乱的情况更加复杂，削弱了所有相关当事人的股东权益。我们能够而且必须在所有水平上的战略合作匹配上做得更好。

第八章　收获智慧资产的影响力：合作企业、客户、
　　　　渠道合作伙伴、许可、合资与特许经营

驱动收益和利润的许可战略

智慧资本耕耘收获的成果在市场上有许多应用。像我们在本章前面提到的，它们在合资公司、战略联盟和品牌合作关系中起到促进增长的核心作用。另一种类型的智慧资本收获战略是许可。通过授予许可可创造新的收益和机会，获得许可可以使用、生产、销售、转售，或者服务/维护产品；按照规定的业务模式运营；安装或者下载软件；向公司职员提供建议、与他们协商、对其进行培训或提供支持（见图8-6）。

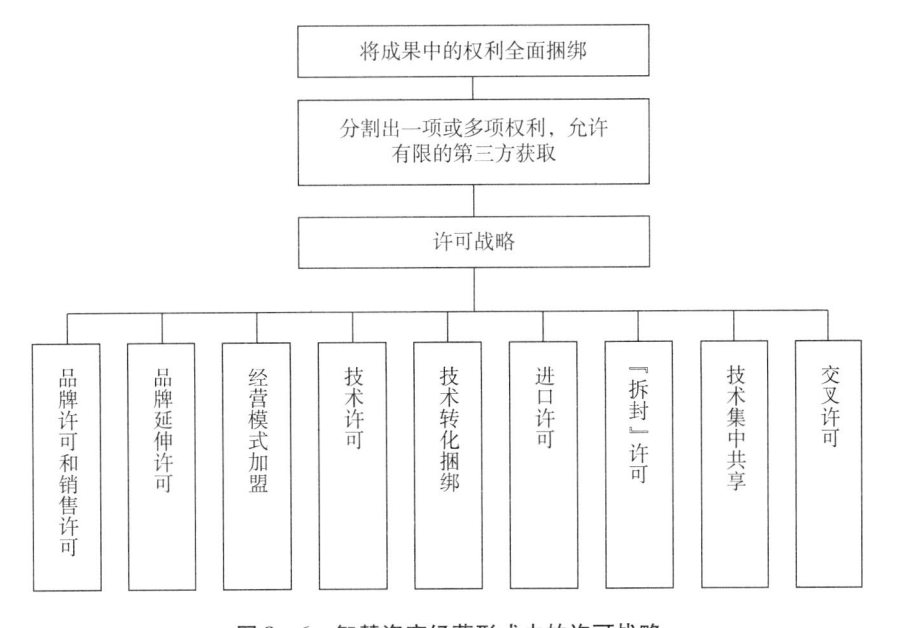

```
            将成果中的权利全面捆绑
                    │
         分割出一项或多项权利，允许
             有限的第三方获取
                    │
                许可战略
    ┌───┬───┬───┬───┼───┬───┬───┬───┐
   品牌 品牌 经营 技术 技术 进口「拆封」技术 交叉
   许可 延伸 模式 许可 转化 许可 许可 集中 许可
   和销 许可 加盟      捆绑           共享
   售许
   可
```

图8-6　智慧资产经营形式中的许可战略

智慧资本收获的"粮食"授权涵盖了与所有权相关的很大范围的法律权利，而且，除了将它们完全卖掉或者转化，你的公司还可以将它们分割、分包、和/或将它们作为新收益、新机会进行战略性的使用，或者作为打进新市场、新关系和新利润中心的新战略。而且，正如我们将会学到的，你没必要一定成为这些创造新机会的资产的原创者。智慧资本耕耘者也要寻找合适的情形，共同发展和收获智慧资本，获得他人智慧资本的许可，甚至担当为第三方收获知识产权的中介。许可是一种开发利用知识产权的合同形式，是指在不转移所有权的情况下转移使用权给第三方。从战略的视角来看，许可是通过创造新的收入流和市场机会使股东价值最大化的过程，因为许可挖掘了你的智慧资

产组合中隐藏的或未被最大化的价值,并且能够让被许可人为了享有获取和利用这种智慧资本的特权而向你支付费用。

各类许可的最佳实践

作为一种智慧资产运用战略,图8-6中列出的许多许可类型在大型、中型和小型公司中可能取得多重成功,但对应的优先次序并不相同。它可能被主动地运用,或者善意地被忽略,或者是这两种之间的任何情形。研发努力所获得的新产品和新服务可能对公司核心业务链或技术而言并不重要,由于政治原因、领导层的变化,或者因为公司缺少将产品和服务推向市场所需资源的专门技术,这些新产品和新服务成为技术性或战略性"寡妇"和"孤儿"(例如缺少内部支持或资源)。有些情况下,现有技术可以有多种用途和适用范围,但是公司没有时间和资源去开发其核心业务以外的技术。管理能力较强的智慧资产驱动型公司就会认识到这些资产仍然具有显著的价值,并开发许可项目。知识产权许可已经成为一种强大的经济力量。自从美国联邦巡回上诉法庭系统于1982年建立了全国统一的专利法执法标准,企业已经开始认识到专利许可的价值了。美国的专利许可收入从1998年到2015年有望增长4倍,达到5000亿美元。来自专利许可的使用费收入,从1990年的150亿美元猛涨到2009年的3500亿美元以上。

智慧资产经营者诸如IBM、通用、杜邦和德州仪器,每年都从高利润的收益流中收获数十亿美元,不仅补偿了它们的研发成本,还提升了它们的收益额。这些公司认识到,并非所有的技术收获成果和应用都集中在从其内部视角确定的核心领域,只要外部的第三方可以通过这些技术、系统和创新获益就可以。

许可可以给予直接竞争者,也可以给予间接竞争者;可以给予完全在行业之外的对象,也可以给予在你当前主要市场(无论是国内还是国外市场)以外运营的公司。你也可以考虑向售后服务商许可,它们可能需要你的技术,或者在一定区域内使用你的品牌进行培训、支持、维修或维护。企业领导者应当与内部和外部的法务、战略顾问一起提升许可战略和政策,理出关键目标,例如筛选和选择许可对象的标准、禁止行为、质量控制和品牌保护、独占性程度、使用费率、成功指标、业绩标准、其他收入来源、审计和调查、终止条件等。许可生效的技术范围应当解释清晰,完全保留的技术应当清晰地排除在外。许可政策和战略应当与公司的整体合作计划和目标一致,应当进行跨部门交流。每一个许可协议都应当认真管理和监督,从而保护双方的质量控制,确保及时交付使用费和其他付款。

第八章 收获智慧资产的影响力：合作企业、客户、渠道合作伙伴、许可、合资与特许经营

在正式协议签署之前，关于合作对象的经营计划中执行许可的能力、记录、声誉及诚信、渠道和市场以及财务力量等方面的尽职调查应当完全地执行。如果在特定行业或目标市场给予了独占性的许可权，但将许可给予了不能胜任的、不可靠的合作对象，那么无形中就在将来的路上埋下了争端，从机会成本的角度来看也是昂贵的。[要想获得发展许可战略、签订许可协议的更多信息，请看我的书《特许经营和许可：在任何经济中促进业务增长的两种强有力方式》第19章，第四版，美国管理协会出版（AMACOM），2011)]。

获得许可：收割别人所播种的

并非所有的许可战略都是将你的智慧资产给予别人以获取许可费。有些情况下，其他企业过时的、忽视的未开发技术或品牌（"寡妇和孤儿"）的许可，也能驱动你的公司的增长。获得许可（获得其他企业产品的使用权，即通过签订合同协议，允许你以特定的方式使用那些产品）可以用来增值，填补缺失的战略拼图，增强客户的认同和忠诚度，或者作为合资或收购交易的战略性先期尝试。

在我们这个互联网驱动的数字时代，通过查看大企业的网址，诸如EDGAR［证券交易委员会（SEC）关于公众公司的数据］，研究机构和政府机构的公告，以及本书最后附录中列出的其他资源，可以比以前更加容易发现那些准备许可的技术。例如，2008年研发支出是514.7亿美元，而美国的大学研发收入的费用合计仅34亿美元，所以，很显然，成千上万的技术仍然正在等待它们的舞伴呢。一些大学、机构和研究实验室在寻找许可和合作对象方面非常主动积极，但是更多的则比较被动，甚至限制这一做法。你需要成为发起联系，并坚持、主动地帮助收获它们的技术的角色。尽管大学科技经理人协会（Association of University Technology Managers，AUTM）和许可贸易工作者协会（Licensing Executives Society，LES）的成员们，以及小企业发展中心协会（Association of Small Business Development Centers，ASBDC）、美国企业育成协会（National Business Incubation Association，NBIA）和全美大学发明与创新联盟（National Collegiate Inventors and Innovators Alliance，NCIIA）等团体的工作非常出色，每年仍然存在数量惊人的大学研究成果未被收获和商业化。我们在促进大学与企业界的合作关系时必须开发更好的系统和程序、形成浓厚的企业文化、保持更加主动的态度、更加稳健的回报，并且分享更多的最佳实践。

许可能够带动品牌和技术，即可以充分利用他人拥有的智慧资产，帮助完善你的战略经营拼图，或者作为催化剂和肥料增强你的公司的创新。这一过程并不一定是漫无目的的，有些网络和数据库定期发布可授权许可的品牌，在附

录中列出了其中的一部分。

而且，说到"孤儿"，并非仅指那些因为无人关注而被抛弃的技术。2010年12月，美国品牌资产（Brands USA Holdings）举行了一场涉及150个知名商标的拍卖会。这些品牌依附于那些已经不存在的产品和服务上，但仍可以被竞拍成功者重振。向竞拍者开放的资产包括许多曾经知名的品牌，诸如Meister Brau（啤酒）、Handi – Wrap（消费品）、Braniff（航空公司）、Pom Poms（糖果）、Long & Silky/ Short & Sassy（头发护理产品）、Lucky Whip（食品排行榜）、Bowery（银行）、Fruit Bombs（糖果）和Snow Crop（冷冻食品）等。我们将拭目以待，观察那些竞拍成功者推出何种企业战略，来将这些资产重新种植，重新培育和重新收获。

由于有其他的数据库提供商提供有关技术环境、知识和创新程序的管理方面的服务，技术转移以及智慧资产优化管理的固有需求被功能化切割了，因此现在已经没有单个机构向市场提供真正、高效的综合性支持了。创新是技术转移的固有属性，创新文化的有效管理对于开发、整合，以及出售能够增加股东价值的技术都非常重要。将管理和创新的成果"编码"对于有效的管理或创新非常关键，从而能够最佳地聚焦到发起组织的任务以及内外部相关内容上。编码的过程如今在信息系统解决方案中经常见到，这些信息解决方案用来获取信息，用相关性内容编组，放入仓库，然后使相关部分能够被提取出来供协作和研究。

编码化知识资产的概念已经被各类知识管理研究人员长期研究，能够使创造、定位、获取和分享保留在组织内部的经验和知识更加有效、高效。达到那样的程度时，合作、获取内外部资源、分类或集合编码化知识信息的能力，将成为真正有效的知识管理的基本能力。多样化许可战略和智慧资本经营的核心是，在辨别有价值的机会、业务案例和发展的内部结构的知识战略背景下，将其中的创新、合作和编码化进行优化。

特许经营权

过去几十年，特许经营已经作为一种主导性智慧资本收获战略，出现在超过100多个行业、处于各种发展阶段的企业的多种产品及服务运营中。国际特许经营协会（International Franchise Association，IFA）教育基金最近的统计表明，美国经济总产出（包括销售总额）估计超过在2.3万亿美元，而特许经营零售额在美国销售总额中的占比超过50%。在2009年，超过900 000家特许经营创建者雇佣着超过2100万名工作人员。在这个失业率猛增至9%左右、

第八章 收获智慧资产的影响力：合作企业、客户、渠道合作伙伴、许可、合资与特许经营

未充分就业率接近20%的时期，特许经营业务为2100万个美国人提供工作，几乎每7名居民中就有1人在私人企业中就业。

虽然这些数据令人印象深刻，但是特许经营作为市场化和分销产品与服务的一种方法，仅适用于某些类型的企业。尽管在过去的几年中，特许经营作为业务增长的一种方法受到了媒体的较多关注，但它并非适用于所有人。在企业认真考虑将特许经营作为快速扩张的替代方式之前，许多法律和业务上的前提条件必须满足，前提条件的范围从披露联邦和州法律所规定的文件到详细的经营手册和市场系统。

智慧资本耕耘者可能会出于各种理由将特许经营作为收获战略，包括资本效率、有效的品牌布局和顾客忠诚度。许多情况下，具有本地市场知识优势的特许经营商亲自运营，其表现要胜于拿薪水雇佣的管理人员。与选址、员工的雇佣和解雇，以及客户服务有关的管理负担和令人头疼的事务都转移到了特许加盟商头上，他们支付初始的特许加盟费，并且持续地支付特许经营费从而使用特许经营授权人的品牌、系统和程序，得到特许经营授权人的资源、指导和场地支持。与任何长期的、诚实的相互依赖的业务关系一样，特许经营授权人和特许经营商之间的交往必须根植于信任、整合、创新、共担风险和回报，以及不会变得陈旧或习以为常的有价值主张。特许经营商投入新产品新服务上的透明度、协作和机会越高，特许经营系统长期稳定和健康的机会越大。〔要想获得构建特许经营系统，以及特许经营的法律、运营和财务方面的更多信息，请看我的书《特许经营和许可：在任何经济中扩展业务增长的两种强有力方式》，第四版，美国管理协会出版（AMACOM，2011）〕。

第九章
全球智慧资产前沿

全球化把我们转变为探寻整个世界的公司，不再只是销售和寻求提供商，而是要去发现智慧资本——世界上最优秀的人才和最伟大的创意。

——杰克·韦尔奇（Jack Welch）

经济全球化已经深入我们的生活。技术的发展，例如互联网应用的迅速成长，促进了国际电子商务，通信技术、视频会议和卫星技术的进步，拉近了我们的距离。公司及其商标品牌的全球化，创造大量跨国公司的国际巨型合并，完全一体化的国际金融体系造成的经济相互依存，以及诸如欧盟、北美自贸区、东南亚国家联盟等强区域组织联盟的出现，都使得各种规模的公司乃至各类产业需要引入全球化的商业思维。

你的下一个客户可能出现在地球上任何一个地方，你的最大竞争者也有可能出现在世界上任何一个地方；你的最佳外包对象可能是一家外国公司；你的下一场法律诉讼也有可能是一家外国公司；你的下一轮融资可能来自一个外国投资者，你的下一个雇员也有可能来自另外一个国家，同时带来移民难题和成本。地缘政治将不再意味着仅是土地的扩张，也不再只是制造保护地方市场份额的壁垒。应当基于全球视角建立智慧资本战略，即质量、价格、服务和（资源）配置不但要着眼于全球化竞争，更要按照区域需求和市场条件量身定制。

全球化图景

我们经常忘记和忽视美国经济的规模和强劲，即使是在困难时期美国经济体量也是巨大的。尽管中国和印度的经济增长受到广泛的关注，但事实是，印度的经济总量与德克萨斯州的经济总量相当，中国的经济总量与加利福尼亚州的经济总量相当。美国的人均国民收入是 46 000 美元，印度的人均国民收入则刚刚突破1000美元。中国的人均国民收入接近3600美元,❶ 略微超过诸如阿尔及利亚、萨尔瓦多、阿尔巴尼亚等贫困国家的人均国民收入。美国其他48个州的国内生产总值、生产效率和创新能力,依然领先于或者比肩于世界上发展最快的那些国家。

当然,美国也不能骄傲自满。根据预测,中国最早将在2020年成为世界第一大经济体。2010年夏季,东京公布日本二季度经济产值1.28万亿美元,稍低于中国同期的1.33万亿美元,中国经济总量已经紧随美国,跃居世界第二位。日本二季度经济增长0.4%,大体上逊于预期。中国经济总量成功超越日本,以及近几年接连超过德国、法国和英国的事实,体现了中国的迅猛发展,预示着中国有朝一日将超过美国成为世界第一大国。不过,美国2009年的国内生产总值约14万亿美元,即使美国保持经济总量持平,中国也还有很长一段路才能追上。

为金砖国家(BRICS)砌一面创新之墙

尽管金砖国家(巴西、俄罗斯、印度和中国)在过去的10年中成为经济增长最快的国家,但是当它们进入创新时代时又会如何积累财富呢?这四个国家的知识产权法律和政策一直在努力向美国、欧洲看齐,保护创新者对创新成果的权益,加大对侵权、假冒伪造的打击,促进研发经费的投入。

2008年世界经济论坛公布了133个国家研发经费开支和创新效率的得分,部分国家排名如图9-1和图9-2所示。

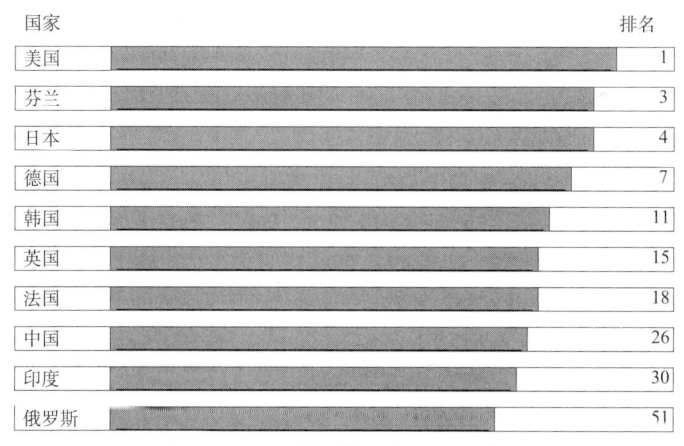

国家	排名
美国	1
芬兰	3
日本	4
德国	7
韩国	11
英国	15
法国	18
中国	26
印度	30
俄罗斯	51

图9-1 研发经费开支(2008年)

数据来源:世界经济论坛,"全球竞争力报告2009,10"。

---

❶ 作者所引用的数据是2009年的统计数据。——译者注

IP 收获无形资产

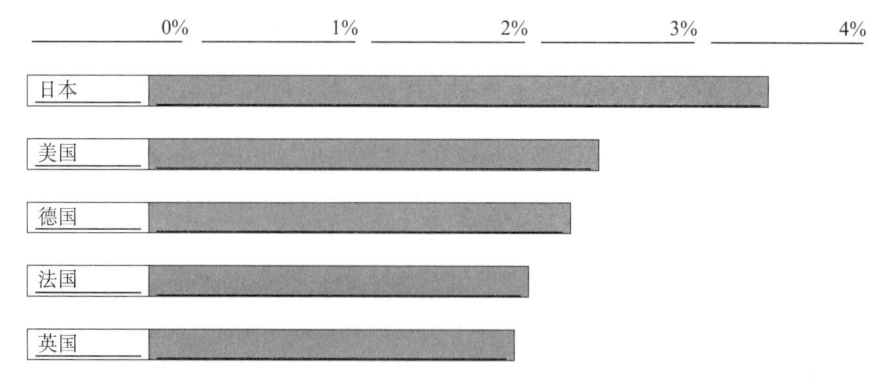

```
        0%        1%        2%        3%        4%
日本  ▅▅▅▅▅▅▅▅▅▅▅▅▅▅▅▅▅▅▅▅▅▅▅▅▅▅▅▅
美国  ▅▅▅▅▅▅▅▅▅▅▅▅▅▅▅▅▅▅▅▅▅▅
德国  ▅▅▅▅▅▅▅▅▅▅▅▅▅▅▅▅▅▅▅▅▅▅
法国  ▅▅▅▅▅▅▅▅▅▅▅▅▅▅▅▅▅▅▅
英国  ▅▅▅▅▅▅▅▅▅▅▅▅▅▅
```

图 9-2　研发经费开支（占 GDP 百分比，2008 年或最新有效数据年份）

数据来源：经济合作与发展组织，2010 年秋季

　　创新面临的挑战并非仅仅是研发投入的经费额。借助于外包和低成本技术服务优势而使经济强劲增长的印度，目前也公开地表示了对培育本土创新能力的担忧。印度的风险投资行业规模远小于美国，并且存在一种文化偏见，即反对投资于那些尚未证实或者不能确保提高短期总收入的事物。应当鼓励具有长远眼光的风险投资文化，以促进更多的智慧资产经营。印度本土的发明人接受的教育与世界上其他国家的发明人完全一样，但是他们所获得的专利数量只有以色列和中国的公司和个人所获得的一半。

　　中国在创新方面也面临着很大的自我挑战。作为全球最大的出口国，中国经济是以"Made in China"这样一种全球制造优势来驱动的，但在全球知名品牌的创立和拓展上仍然是一片空白。亚洲邻近国家或地区的公司已经创造许多赢得全球消费者赞许的品牌，比如日本的索尼、尼桑、丰田，韩国的三星、现代、起亚，中国台湾地区的宏基，新加坡的新加坡航空、虎牌啤酒和创意科技，但是除了青岛啤酒外，你还能指出一个起源于中国的全球知名品牌吗？一个国家的创新失败，使得它只能依赖于世界其他国家的创意、创造和设计而发展。

　　创新的失败，意味着中国公司从支付使用许可费到收获使用许可费还要经历更长的时间（据评估，仅仅 2009 年中国电信制造业向西方国家通信公司支付的使用许可费就高达 1000 亿美元）。目前中国的创新已经取得一些进步，但是大部分的创新成果都是通过企业并购而非原始创新得到。2004 年，中国计算机制造商联想公司以 12.5 亿美元收购了 IBM 笔记本电脑业务。考虑到 IBM 的 ThinkPad 品牌在 2000 年至 2004 年亏损了 10 亿美元，达到联想公司同期总利润的 2 倍，这一收购风险可不小。7 年后的 2010 年 8 月，中国汽车制造商吉利公司以 13 亿美元的低价从福特手中买下了沃尔沃全部资产，考虑到福特在

1999年以65亿美元买下沃尔沃，这也算得上是一笔很划算的交易。2010年12月，沃尔沃凭借在安全性和箱式轿车的品牌优势，发布了明显超越原有品牌定位与战略的发展计划。收购那些老的、不再有活力的品牌，然后主要撤回到中国市场，这一做法不会实现像苹果、耐克、可口可乐、麦当劳、IBM在多年来所创造的全球品牌优势。

智慧资本经营和全球经济发展

世界各国对智慧资本和知识收益的态度发生了显著的变化。尽管存在一些特例和交叉，但绝大部分文化都可以归纳为如图9-3所示的4类。

知识属于所有人 （中东地区）	资本主义收益模式 （美国、部分欧洲国家）
智慧资本法律尚未建立 （拉丁美洲）	智慧资本权益明确、但执法不力 （部分亚洲国家）

图9-3 世界智慧资本模式

有效的智慧资本经营战略作为国家经济发展的基础，其重要性正在被世界各国领导人认识到。在农业、工业国家与信息革命相遇时，知识员工的创造和智慧资本驱动型经济成为诸多政治经济议程的首要问题。从蒙古到埃塞俄比亚，从智利到冰岛，国家领导人都在强调智慧资产的创造、保护和收益在参与和促进全球经济增长中的重要性。在中东和北非地区（MENA），经济增长已经滑落到经济潜在增长率水平之下，找不到降低已超过10%的失业率的有效方法，其中部分原因就是没有培育知识员工，没有抓住技术进步的机遇。在中东和北非地区、亚洲和环太平洋国家的出口总量中，技术产品及服务的出口量占25%~30%，但来自中东和北非地区的这类出口仅占总出口量的不到1%。埃及、突尼斯、约旦等国在努力获得智慧资产方面正在取得进步，这些国家成为该地区中产阶级发展最快的国家并非巧合。世界银行非洲地区副总裁山姆沙德·阿克塔（Shamshad Akhtar）博士在2010年的一次演讲中说，中东和北非地区国家的前景直接取决于知识经济的系统发展。他的六部分行动计划包括智慧资产经营的下述三大要素。

（1）中东和北非地区国家需要共同努力，培育工业能力和竞争力，尤其是生产效率和技术吸收能力。除了对更大范围的发展趋势进行研究评估，在不同领域和细分行业精准出台刺激政策，培育这些国家的比较优势和竞争力外，还应当鼓励发展网络化的工业体系结构，解决行业内部生产的差异性问题。这些措施将会引导中东和北非地区的公司作出正确的投资选择来推动创新,并越来越接近最佳实践。应当将提高生产效率和技术革新作为减少资源消耗和碳排放以实现可持续发展的手段。

(2)人力资本和无形资产的积累,将促进中东和北非地区的公司提高生产效率和促进技术革新,奠定可持续发展的关键基础。要想使中东和北非地区成为有竞争力的创新中心,至少有四个问题需要解决:人力资本的质量和综合技能水平,大学和企业创新能力的增长,企业界与教育/研发部门的融合程度,企业、管理、信息技术、培训和研究力量的增强。

(3)制度发展、适当管理和实施能力,是确保战略与政策行动协调一致的关键因素,是中东和北非地区企业增强协调性的关键。在充满变化的形势下,知识经济发展战略及其有效实施,都离不开不同政府机构间的高度协同。

国际化扩张的阶段

企业领导人不可能在某一天早晨醒来就宣称他们已经实现全球化。无论你是通过何种方式进入海外市场,或者是在国外开设办事处,或者是与其他公司合作,或者是从网上接受国外订单,或者是作为跨国并购的一部分获得海外业务,都需要制定恰当的全球化战略。图9-4表示了迈向全球化公司的进程通常包括的几个阶段。

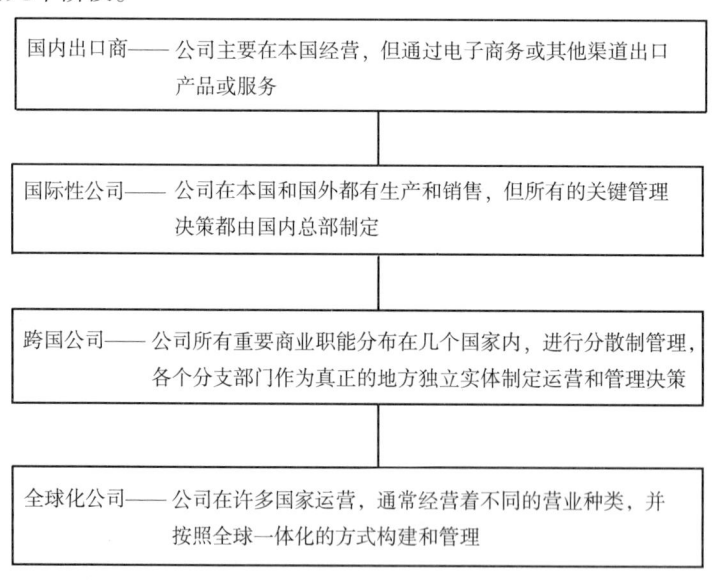

国内出口商——公司主要在本国经营,但通过电子商务或其他渠道出口产品或服务

国际性公司——公司在本国和国外都有生产和销售,但所有的关键管理决策都由国内总部制定

跨国公司——公司所有重要商业职能分布在几个国家内,进行分散制管理,各个分支部门作为真正的地方独立实体制定运营和管理决策

全球化公司——公司在许多国家运营,通常经营着不同的营业种类,并按照全球一体化的方式构建和管理

图9-4 迈向全球化公司的进程

在新书《全球化能力》（Global Literacies，Simon & Schuster 出版，2000）中，罗伯特·罗森（Robert Rosen）博士讨论了四种主要的全球化能力，公司领导层必须拥有这些能力，才能在实施全球化商业扩张战略中取得成功。要想成为一个具备全球化能力的领导者，企业主管人员需要具备作为世界性领导者的个人素质，亦即理解和尊重在国外开展商业活动的挑战性，提高凝聚和激励他人在全球范围内合作的社交能力，具有集中和调动组织的各种资源以实现全球性商业目标的业务能力，拥有文化素养（包括评估及利用全球性企业在其业务经营过程中所面对的文化差异的远见卓识）在智慧资本经营寻求全球化带来的新的获益机会过程中，企业如何更深刻理解所面临的领导力挑战，阅读《全球化能力》和类似主题的其他书都是很好的起点。

合规程序

美国公司的国际商业活动受到美国和国外许多法律的管制。如果你的公司正在或者计划开展海外业务，你首先应当确保有一个及时更新的合规程序，来应对开展海外业务可能引起的法律争端。非法交易活动导致的恶劣后果是具有实质性影响的，包括被撤销或暂停进口出口权、取消政府合同、负面宣传，以及为配合政府调查的花费和业务中断。

制约美国公司国际商业活动的法律主要包括两类。第一类主要是那些同时适用于国内的法律，比如反托拉斯法、雇佣法和经济间谍活动等；第二类是针对那些从事国际业务或进出口贸易公司的法律。例如，美国的反国外行贿法（FCPA）禁止向外国政府和国际组织官员行贿。反国外行贿法的覆盖范围可以扩展到美国公司的咨询顾问对象、合资伙伴，或者最近收购的子公司。基于产品和服务的特性和/或特定贸易伙伴的不同，对于进出口的控制范围变化也非常大。当你的商业业务涉及这些法律及其限制时，你应当充分重视，确保公司运作的合规性。

公司有很多种方法协商、创建国际商业活动的相关标准。其中一个方法就是建立商业行动准则，明确展示与公司价值和目标相关的主要政策。商业行动准则应当下发到所有的公司雇员、代理人和商业伙伴。公司也可以选择在行动准则的基础上再增加些小册子或者雇员手册，在公司雇员需要寻求公司法务人员、合规人员或者监管人员进一步的指导时，能够提供更多的细节和明确的案例。合规材料必须详细撰写，并记录到公司的具体运营、业务、员工、公司文化和历史等文档报告中。

IP 收获无形资产

各种海外运营形式的优点和缺点

企业一旦确定实施智慧资本海外经营战略，就要根据业务目标、可获得资源和税收及法律条件确定运营形式。但是，要记住，没有任何一种战略能够满足公司的所有需要。为了选择最符合增长及战略目标的市场进入战略和形式，你应当熟知主要海外运营形式的优点和缺点，以及每种运营形式可能产生的法律问题，下面的内容将对此进行阐述。

直接出口

＊优点：成本低，需要较少的新资源、母公司对经营全面掌控、允许试验期；除产品责任外较少的责任风险；除长期设施外，无须交纳国外税。

＊缺点：远离市场，无法对顾客需求做出及时反应，由于在销售市场没有雇员导致缺少及时的服务。缺少对市场的直观评价，没有本地仓库去满足顾客的突发需求。

合作关系

＊优点：本土化可以使外资更加了解市场，避免出现忽视当地文化传统带来的失误；相比组建新公司需要更低的投资成本。

＊缺点：控制力较弱，其他合作伙伴可能具有不同的合作动机；不是长期存在模式；必须分享利润，无法有效控制技术外溢。

经销商/销售代表

＊优点：较大的市场占有率，更大的利益使得本土企业能够竭尽全力地促使业务经营成功，运送货物可以使用当地仓库，相比母公司在当地建立分销网络具有更低的成本和更短的延迟。

＊缺点：必须与销售等环节分享利润，各种问题的潜在责任风险，对产品线分销和所有权链的控制力较弱。

分支机构

＊优点：当地员工对母公司更加忠诚，对分销网络的控制力更强，更好的评估和推进市场发展。

＊缺点：建立新的办公机构和雇佣员工带来更高的成本，对雇员的行为要付更多的责任，母公司更易受到国外管辖诉讼的影响。

合资企业

＊优点：共担风险、成本和融资，可以获得当地知名合资伙伴及其已经建立的本土市场，当地合资伙伴可以取得互补性优势，可以通过交流建立新的商业文化。

*缺点：共享利润、控制权和专有技术，实力较弱的当地合资伙伴可能会削弱企业的形象与努力。

独资公司

*优点：完全控制利润、经营和管理，经营失败时可以单边撤出。

*缺点：没有当地合作者提供关于顾客和文化方面的建议，相比寻求代理人和合资伙伴的方式要承担更大的成本和责任，在新市场开展经营存在启动延迟的可能。

智慧资本国际收获战略发展中最常见的错误

智慧资本经营人员在国外首次运用海外智慧资本时，经常会犯一些战略性和实务性错误。最常见的错误如下所述。

*没有获得有价值的建议。除非公司内部已经有了精通全球化业务的专家，否则寻求能够胜任此项任务的专业顾问的帮助是一个明智的选择。

*高级管理层对国际业务的评估不充分。这可能会导致要花费比在国内更多的时间和精力去开拓海外市场。尽管开拓海外市场的早期成本和时间难以证明其必要性，但是公司应当从更长远的角度看待，对投资的回报应当更具耐心一些。

*没有充分重视海外分销商的筛选。任何一个海外分销商的选择都非常关键。国际通信和运输的复杂性，要求海外分销商比国内的相应部门具有更大的独立性。此外，由于你的公司的历史、商标、声誉并不为国外市场所知，所以国外顾客更可能根据分销商声誉的好坏来决定是否购买产品或服务。因此，你应当对管理账户的人员、分销商的能力和雇员的管理方法进行全面的评估。

*盲目地寻求国外订单，而不是为公司高利润业务建立基础并获得订单的不断增长。如果你一开始就寄希望于国外合资伙伴或分销商来提升你的产品和服务，那么这些合资伙伴和分销商就要先接受培训和协助，并且对于他的表现要长期监控。这些都需要你来进行评估，然后在这些合资伙伴和分销商的业务区域内安排人员来监督和协助。

*在国内市场复苏时忽视海外业务。许多企业家和成长型公司，都是在美国经济下滑而国外市场看起来更有吸引力时才开始转向全球化。这并不意味着在美国经济开始复苏后就要抛弃全球化战略。对国外业务的轻视将降低海外人员和机构的工作动力，严重有损于公司业务，抑制美国公司自身的出口贸易，让公司在国内经济再次衰退时无所依赖。

IP 收获无形资产

＊ 幻想某一个市场的技术和产品在其他国家也能够取得成功。在一个市场灵验的东西，在另一个市场可能毫无作用。每一个市场都应该区别对待以取得最大的成功。一般情况下，成长型公司在美国通常会采取公共广告宣传活动、提供特定折扣、促销、特定信用分期和保修期服务等手段，但在他们的国外合资伙伴和分销商那里，这些手段可能根本不奏效。

＊ 不愿意调整产品来满足其他国家的标准和文化偏好。国外分销商和市场合作伙伴不会忽视当地的安全、保密准则和进口限制。如果产品在生产时没有进行必要的调整，国外分销商和市场合作伙伴就必须作这些调整——通常导致花费更大的成本，或者导致更糟糕的情况。还需要提醒注意的是，利润率越低，对他们的吸引力就越小。

第十章
创新的未来

预测未来最好的方法是发明它。

——现代管理学之父彼得·德鲁克（Peter Drvcker）

作为智慧资产耕耘者，我们满怀希望凝视未来，我们会看到什么？我们看到作物在它们腐败或被破坏之前被及时采摘，因为它们是有价值的，应加以妥善管理。我们看到技术体系以过去我们只能想象的方式让协作更加便利和安全。我们看到公司和机构的领导人，作为其公司智慧资产的真正管理者，采取了"不丢弃任何技术"的文化和准则。我们看到内部繁文缛节、办公室权术和地盘竞争被消除，以支撑机构股东价值最大化和"我们"远远比"我"更重要的经营模式。我们看到公司迅速地信奉智慧资产收获、运用和合作战略，渴望着源于其战略努力成果的新机遇和营收。我们看到信息获取被以我们今天无法想象的方式深化、扩展，而且更加无障碍。我们看到管理和领导的透明、完整和诚信，以及对于创新的激情投入和股东利益驱动型的资源分配决策。

这个未来的愿景是幻想的，还是现实的？奢侈的，还是必需的？生存，还是死亡？灵丹妙药，还是最佳实践？

你来决定。

但是，以今天的眼光来看，创新的未来对于我们所有人将呈现什么，我想谈谈我的想法。

STEM 计划

2006 年 1 月 31 日，作为对 2005 年关于美国青年人在科学和数学领域缺乏竞争力和兴趣的令人担忧的统计报告的回应，前总统乔治·布什在任内，启动了科学、技术、工程和数学（STEM）教育计划，国家科学院（NAS）发布了一个里程碑意义的报告《站在暴风雨之上》（Rising Above the Gathering Storm），该报告指出："构成美国经济领导力的科学和技术基础正在被侵蚀。"根据该报告，提高美国学生在数学和科学课程方面的能力是增强美国全球竞争力的最有效方式。在国家科学院发布的这个报告中总结的建议包括：

＊鼓励学生学习数学和科学课程，并取得佳绩；

＊为数学和科学教师提供职业发展机会；

＊支持资深数学和科学教师的发展。

到2015年美国需要40万STEM领域的大学毕业生。在下一个十年里，美国需要24万初中和高中数学教师和科学教师。这个计划旨在解决联邦政府在STEM领域各个学术层级对教育发展与进步支持不足的问题。该报告呼吁大幅度增加对于高端R&D项目的联邦政府资金支持（包括联邦政府对教育部门在物理学方面高端研究的资金支持增加一倍）以及增加STEM学科高等教育毕业生的数量。

2009年11月，时任美国总统巴拉克·奥巴马发起了一项覆盖美国的"教育推动创新"运动，以帮助实现使美国学生在下一个十年里在科学和数学成就方面从中等水平上升到领先水平的管理目标。总统承诺要建立一系列由领军企业，大学，非营利机构，基金会和代表数百万科学家、工程师和教师的组织组成的合作机构，鼓励和激励美国各地的年轻人在科学、技术、工程和数学方面表现突出。

2009年和2010年发布的旨在解决这个问题的私营部门计划。包括：

＊国家数学和科学计划（NMSI）：该非营利性组织旨在扶助那些能有效提升学生在数学和科学方面的学科能力的国家强化发展项目，其基本目标包括：(1) 在全美范围内推行备受赞誉的得克萨斯大学教师证书项目（Utech Program）以培养新一代的高水平数学和科学教师；(2) 扩大精英教育和预科精英教育课程以提升学生课业表现、为教师提供广泛的培训、发现并培养领军教师，以及基于学术成果提供财政资助。

＊迈克尔森-埃克森美孚教师学院：该项目是由埃克森美孚公司和职业高尔夫球员菲尔·迈克尔森（Phil Mickelson）联合打造，为3~5年级的教师提供其需要的知识和技能，使其能激励学生投身数学和科学领域的工作。

＊为科学留一席之地：这是国家科学教师协会（NSTA）所辖最大项目，由埃克森美孚公司提供大部分资助，旨在提升学生从幼儿园到12年级的科学教学和学习水平。项目的目标是以州协调员、主要领导者、高级领导者和目前活跃在全国校园的联络人为中心，提供职业发展机会和科学教育资源。第X代和第Y代（年龄在12~30岁）学生中对科学职业有兴趣的比例已降至历史

新低，由此引起对美国创新能力和继续保持竞争力的强烈关切。

2010年秋，在世界30个最发达工业国家的中学生中，美国学生的数学和科学能力分列第21位和第25位。此外，美国在大学毕业率和识字率方面分别位居第12位和第15位，作为世界最大经济体这一排名也许还不算太糟；但是美国面临的问题不仅存在于技术技能方面，也同样存在于语言能力上。当前，中国有两亿个孩子在学英语，而只有24 000个美国孩子在学中文。当我们思考美国未来一代的竞争力的时候，不得不想想这一现状。

技术创新是一个国家未来发展的基石，而我们未来的基石如何能够建立在这样的排名之上？要采取怎样的措施才能够提高我们的位次？或者，在全球经济一体化的今天，成长型公司和老牌的公司能够得到其所需的资源，这些问题还重要吗？又或者说，美国是否应当更加关注前瞻性领域的创新，例如在品牌与市场、金融和商业模式、分销和渠道伙伴、发展人力资本以及提升生产力方面？创新的未来将取决于所有这些各项举措的成功实施。

多样性和创新

基于本书前述内容，我们已经明白创新显然需要协同合作，而人们也总是在合作中领会和达成更多。当组建一支致力于创新、富于创造力、能够解决问题或者提出新的想法的团队时，一定要考虑团队成员的多样性，不仅要考虑性别、种族、宗教信仰，以及年龄这些显而易见的方面，也要考虑个人天分、接受过的培训、第一语言、背景、观点想法、成长经历、国籍、性取向、性格类型、体型以及生活方式等方面，甚至于，多样的兴趣爱好、运动技能和天赋等也能为团队带来更高的创新性和创造力。今天我们的社会比以往任何时候都更加全球化和多元文化交融，而且这一趋势日益增强。对于提供新产品、服务和想法的团队来说，必须常常反思目标消费者的需求。Web 2.0、协作网络以及众包模式可以拿来作为创新的工具，并且我们的团队要能准确反映出所要服务的对象的需求。关于创新和多样性之间关键作用和交汇点的更多信息，可以参考我的朋友——公认的研究者苏珊·加斯蒂森（Susanne Justesen）的一些工作，她是Innoversity❶组织（www.innoversity.org）的支持者和思想领袖。

---

❶ 原文使用innoversity一词，系innovation（创新）和diversity（多样性）两词合成的新词。——译者注

更快、更好、更便宜、更方便（FBCE）（择其二）

未来的智慧资产耕耘将取决于创新，而且这一创新是建立在真正了解消费者的需求，并且顺应市场潮流的产品特点和服务基础之上的。例如，医疗创新可以使心脏手术更有效且更迅速，但问题是消费者真的需要一台快速的心脏手术吗？如今，很多患者已经觉得这一切快得让他们感觉自己是被急匆匆地赶出了医院，这感觉可并不好。如果一位医生为我治疗心脏病，我会期望他舍得为我花时间，并且疗效显著。

用户知道他们需要什么（就问他们）

新型耕耘者正在学习如何驾驭他们的消费者的创造性并且实时了解他们的需求。看看彩滋网在过去三年的发展吧。它们让员工设身处地为消费者着想，或是体验一下"属于某某的一天"，它们认为目标市场远比意见箱或者在线众包模式更为有效。2010年年中，沃尔玛的董事长兼首席执行官以及全球业务长官道格·麦克米伦（Doug McMillon）访华，他不仅参观了各处商店，还深入中国消费者家庭实地考察并与消费者交流，了解他们的需求和购物喜好。同样在2010年，丰田委托InnoCentive公司，为其市场推广计划提供支持，该计划试图激发消费者的创新妙想，将丰田的技术用于汽车以外的事物上。

80000的力量

每天80 000名医疗和生物技术领域的研究人员投入地工作，试图发现新的奇迹，研究我们生命奥秘的点滴，例如我们如何生活，如何痊愈，如何忍受疼痛，如何对付疾病，对药物有何反应，怎么吃、吃什么，不同的因素如何促使我们做出反应或是做出防御动作。非医药型公司可以从医药研究和资源分配的决定上得到哪些启发呢？在生物技术领域中，特别是在靶向疗法、抗逆转录病毒以及生物技术疫苗方面，这一产业已经创造250多种新产品和疫苗，挽救了全球数以百万计的人们的生命并提高了人们的生命质量，而这一领域，还有另外600来种新产品正在研发。在全世界范围内，正在建立超过50种的生物精炼设备，这些设备用来生产纤维素、藻类生物燃料、可再生化学品和塑料，以及先进交通燃料。

智慧资产耕耘者可以从生物技术产业学到很多，例如耐心和毅力的力量，以及"欲要取之必先予之"的道理。公司则可以从中学习最佳实践，即首先需要投入巨大并且接受长期的投资计划，以最终实现既有巨大影响利润又可观的结果。要知道，真正的创新从来都不可能一蹴而就。

超越我们的视野

要想创新，我们必须进行研究、沟通以及各种合作。重点突出型的研究方法和以问题为中心型的研究方法可以为现有问题得出新的解决方案，并且偶然也可能产生真正意义的新发现，但是我们应重新定义我们的创造力的范围。道理很简单，如果一个人知道他要寻找的是什么，那么他也就只能找到他所知道的东西。因此，未来的科研预算要纳入风险考虑，对此我们需要更加灵活、包容并且得到更多的支持。我们的研究应当不仅是开放透明，还应是共生和跨学科的。我们必须主动走出我们的舒适地带并且克服自身对失败、耻辱以及失望的恐惧。

花得更合理，而不是更多

预算在各处、各级层层受限，尤其是在全球经济衰退的情况下。但是答案是，不要追求花得更多，而是要花得更合理。基于两个理由，在创新上的花费并不是一项可靠的指标。首先，与创新并非直接相关的一些事项也会纳入创新的预算项目之中（例如，专利、发明、创造力、市场）。其次，从花费本身并不能洞见一个公司的创新的情况或者文化，抑或是其将来创新成功的进程。在研发上的投入并不是表征其未来创新成功的可靠指标，尽管它常常被公司、华尔街的投资客们以及产业观察员们用来作为一项主要指标。持有的专利以及新授权的专利数量也常被用作参考，但这实际上对于创新来说是一项错误的指标。有数不清的企业步履维艰，苦苦挣扎，尽管坐拥上千件专利并且在科研上投入惊人，但还是没能将它们的智慧财产变现。在产品改进方面的花费也不是表征未来创新成功的可靠指标，对于很多产业，这甚至是负相关的。

> **未来创新成功的十大因素**
>
> Pragmaxis 的首席执行官以及创新和技术通信领域的思想领袖,彼得·鲍伯斯(Peter Balbus)提出了下列 10 项指标作为预测未来创新成功的因素。基于我本人与快速成长期和稳定发展期的公司的共事经验,我发自内心地认同他的观点。他的标准如下:
>
> (1) 高级管理层,特别是首席执行官,确定并明晰营利营收增长是公司的核心目标。
>
> (2) 针对每个运行部门确立清晰的目标并且对于公司整体,提出未来将从新产品和服务中盈利多少(例如,30%的收益来源于过去三年投入的产品和服务)。
>
> (3) 不论员工的职位高低和职责内容,其创新和创造行为在公司将得到鼓励、认可以及嘉奖。
>
> (4) 在公司政策中,规定每位员工至少拿出 10%的时间用于独立思考和创新/创造性的行为。
>
> (5) 在考核员工表现时,定期回顾其个人职业发展规划。
>
> (6) 人力资源部门的主要功能在于助力员工个人发展,而不是只负责公司和福利的管理部门。
>
> (7) 所有员工在其职业生涯中必须达到继续教育的要求。
>
> (8) 管理者在效力于公司期间应轮换至不同部门工作。
>
> (9) 开放的创新应是公司的既定政策。
>
> (10) 在每个战略业务单元(SBU),应当有职能性的首席创新官(不一定是这个名称)和负责创新的直接负责人/副手。

营造公平竞技场

数十年来,专利和知识产权诉讼被视为"国王的运动",即只有实力雄厚的公司才能负担得起这类诉讼纠纷。21 世纪前 10 年中期,新兴私人股本、风险投资以及专业知识资本发展和争议基金作为风险投资机构开始支持知识资本争端。相应地,在有部分或是完全胜算的基础上,律师事务所也以更加主动的姿态参与到这类事务之中。这一竞技场已经变得愈发公平,例如大卫可以挑战哥利亚❶，并且战而胜之。

一个广为人知的案例是 2006 年针对黑莓公司（RIM）❷的判决，如果这一专利纠纷未能解决，甚至会逼得当时炙手可热的黑莓手机（时谓"疯狂黑莓"）退出市场。在这一案例中，NTP 这一不知名的小公司正是扮演着大卫的角色，起诉 RIM 以及其他大公司侵犯其专利权，而类似的剧情还在 NTP 公司持续上演。2010 年 7 月，该公司宣布已经盯上了更多的公司，包括苹果、谷歌、微软、HTC、LG 以及摩托罗拉，诉状已于 2010 年夏天递至位于弗吉尼亚州里士满市的联邦地区法院，状告这些公司推出的手机中的电子邮件系统非法使用了 NTP 的相关专利技术。本轮针对智能手机硬件和软件市场的领军企业的诉讼是 NTP 公司战略的最新举动，用以主张其所握有的知识产权是现代无线电子邮件系统的基础。批评家认为，NTP 公司一直持续扩大其发明的范围，正是一个典型的"专利流氓"，即不提供任何实际的产品和服务却只进行专利转让许可和专利诉讼的公司。

无论你怎么看待 NTP 公司，但显然它的成功正激励着其他小公司和企业家继续将珍稀资源投资于发明和创新上，因为它们知道如果大公司有意或无意地侵犯它们的专利地盘，则法律能够也将会保护它们的权利。与此同时，正如将一串车钥匙交到毛孩子手中一样，这些权利也不可滥用以至于使得知识产权拥有者携知识产权以令生产者，劳者无所得而智者通吃，这将对大公司的创新支出带来消极的影响。创新的未来有赖所有游戏参与者秉承公平竞争以及合理维权的理念。

奇点运动与人机融合

试想一下，将人类大脑和科学技术相融合，看起来很奥威尔主义❸是不是？但是这恰是奇点大学正在研究的问题。奇点大学是由一批思想领袖，如谷歌共同创始人拉里·佩奇（Larry Page）以及臭名昭著的发明家雷·库兹威尔（Raymond Kurzweil）等在 2008 年倡导建立的一所大学。奇点大学是一所跨学科的研究型机构，其使命是汇聚、教育并且激励一批领导干部，使其投身和引领迅猛发展的先进技术的融合和发展中来，例如生物技术、机器人学、纳米技术、人工智能、能源以及超级计算机等领域。针对企业高管的培训项目则聚焦

---

❶ 圣经人物，大卫是牧童，代表弱者，哥利亚是巨人，象征强者。——译者注
❷ 加拿大通信公司，主要产品有黑莓手机。——译者注
❸ 奥威尔主义，Orwellian，注：指受严格统治而失去人性。——译者注

IP 收获无形资产

在人类思维能力与构建旨在提升创新且促进精神肉体不朽的技术的交互。

走向私有化？

美国许多智慧资产雄厚的大型公司都是公有的，这就要求其领导者按部就班，严格地按季汇报其业绩，并且尽力满足分析师和市场对他们的要求。意想不到的后果便是形成对创新的一种无形的束缚，也就是在首席执行官的要求和股东的预期及最大利益之间产生了一条愈来愈深的鸿沟。从股东对公司缺乏创新的不满便可看出这种鸿沟。1970年，纽交所上市公司的股票平均持有周期是5年；而到了2011年初，平均持有周期已经不足两月。1970年，不到10%的上市股票通过电子方式交易；今天，超过70%的交易是通过软件程序和算法进行的。因此，如果我们希望成为未来的真正引领者，关联度高公司的领导们需要去关注真正产生价值的那些最佳实践。

纳税人支出的更大爆发

每年，联邦政府批准或支出1500亿美元用于研发，但没有可信数据或者措施去衡量这一支出的效果如何。智慧资产驱动创新的未来必须建立一种能够准确评估这些科研支出效果的体系，并从每年的丰收之中培育出收获和分享这些效果更好的最佳实践和流程。

联邦政府也正在试验其他更广泛的方式来促进创新和创业，在第111届国会临近结束之际，重新批准了《美国竞争法案》[全称：为有效促进技术、教育和科学卓越而创造机会法案（America Creating Opportunities to Meaningfully Promote Excellencein Technology, Education, and Science Act）]，用来彻底检查联邦政府对私营部门的研究与发展提供支持的措施。政府希望采取的支持研发的主要措施之一是加大奖励和专项嘉奖。例如，"激励奖"（与"表彰奖"相对，像诺贝尔奖、麦克阿瑟奖以及普利策奖即是此类表彰奖）便是奥巴马政府激励美国发明创新的重要举措之一。

那么政府授予的奖励和认可是否能够有效激励发明创新呢？历史上确有一些先例可以印证这一设想。最有名的先例是，1714年，英国政府悬赏两万英镑奖励能够有效地解决海上经度定准的问题的人，这一难题连牛顿和伽利略也束手无策。但是，约翰·哈里森（John Harrison）是一个钟表匠，在1773年解决了这一问题。19世纪初，拿破仑提供了一个奖项，用于奖励能够为他的法国军队保存食物的发明，而这直接促进了现代罐头业的发展。此外，1919年，

第十章 创新的未来

一个名为雷蒙德·奥特格（Raymond Orteig）的酒店老板为从纽约到巴黎首次直飞的盟军飞行员设置了 2.5 万美元的奖金，这激励了查尔斯·林德伯格（Charles Lindbergh）进行了他首次跨越大西洋的飞行。奥特格奖启发出了安萨里 X 大奖，后者设立于 1996 年，用于奖励商业化空间飞行的重大进展。

规模确实重要吗？

小公司创新以谋生存，大公司创新意图竞争，但美国的中等市场的公司呢？政客们热衷谈论如何保护小型企业和给跨国集团公司以激励与橄榄枝，但似乎没有人想去讨论如何为这些说大不大、说小不小的中等市场的公司提供激励。然而实际上，美国的中等市场的公司为创新和创造力的基础提供了巨大的发展潜力，同时也可以成为同行的优秀合资伙伴和战略联盟伙伴，在这一过程中，对小公司而言，它们扮演着导师的角色，对大公司而言，它们则更像是学员。我们应当与这些公司的领导者进行有意义而高效的对话，促进其在研发方面设置的激励和奖励，并为这一国民经济重要一环创造工作机会，这对我们创新的未来意义重大，但却常常在政治洗牌的过程中被忽视。

如果你想获得绝妙主意，就去英才汇聚之处

到目前为止，美国还是拥有全球顶尖大学最多的国家。在全球最受尊重大学前 50 名中，80% 以上来自美国。近来的一份研究发现，在过去的 40 年中，麻省理工学院的校友、教师以及员工创建了 4000 多家公司，雇用人数超过 110 万，且在世界范围内年销售额达到 2320 亿美元，这其中的绝大多数公司是知识型企业。这进一步表明了发展一流的科研型大学对于保持高水平创新的必要性，因为这些学校为未来提供科技型人才，并且是大多数重大创新的来源；此外，充满新想法的年轻人在毕业之后也将创办很多新的公司。

我们还应当学会去推广和延展我们一些地区性的成功范例。美国仍然是世界上最富于创新精神和创造力的国家，那为什么总是这 4 个城市——奥斯汀、波士顿、华盛顿特区和帕罗奥图市，一次次作为产生新技术最多的地方被提及？美国创新的未来应当拥有 40 个成功且有影响力的技术中心，而不是只有 4 个！不过，近年来这一方面也有一些令人惊喜的发现。考夫曼基金会 2010 年的一份研究表明，犹他州以每百万人口拥有 22.1 件专利成为最具创新力的州。为什么？因为犹他州实行低税率，商业法规最少，并且还发起一项创新计划，叫作犹他科学技术研究计划（UTAR），该计划对在企业和州大学之间建

立商业化桥梁提供资助。排名第二的最具创新力的州是俄勒冈州（每百万人口拥有14.4件专利），该州拥有年轻且受过高等教育的人群，带来具有开拓性的生活方式和文化。其他排名前五的是加利福尼亚州（11.3件）、马萨诸塞州（9.8件）以及康涅狄格州（9.4件）。

向我们的农民兄弟学习

很多年前，我们便已走出农耕社会，但是我们仍然可以从现代农业和农耕区的最新技术发展中学有所获。新一代的农民必须着眼于新的场地、商业模式、效率以及环境友好的设计，并以此作为未来的创新和增长的基础及策略。举个例子，新近涌现的城市农耕就在充分利用空间、促进社区发展、解决低效率的分配以及其他一些问题上提供了新的思路。城市农耕不局限于水果和蔬菜，其范围已扩展至畜牧业、水产、农林以及园艺等。据预测，到2018年，多达20%的全美食物供应将来自屋顶、停车场以及其他城市农耕方式。（关于家庭农场、微型农场、城市农耕趋势、农业发展、开拓者以及支持者这些话题的讨论可参见网页 www.urbanfarming.org。）

最新的趋势是"垂直农园"，即在很多看起来不太可能种植作物的空间内，采用节约空间和土地的立塔来种植作物，比如在摩天大楼的内墙和外墙。这一方式的先驱及思想领袖迪克森·戴波米亚（Dickson Despommier）向作物只能生长在平地上的传统观念发起了挑战，他倡导采用水培温室和其他室内种植技术，这样可以减少使用（甚至完全不使用）除草剂、杀虫剂以及化肥（更多信息，请见 www.verticalfarm.com）。吉姆·曼福特（Jim Mumford）在花园园艺产业是颇具前瞻性的企业家，他成立了位于圣迭戈（San Diego）的美丽地球植物与花（Good Earth Plant and Flower）公司，并提出了"可食用墙面"的概念，即利用可以像平地上的花园那样可以播种并收获的模块化小盒子搭建功能性外墙，这一方式能有效节约空间，尤其是在寸土寸金的城市中。曼福特的一个客户在西好莱坞采用一面可食用墙分隔了其两家餐厅；这面墙不仅美观，而且还出产324种植物，包括该餐厅厨房所使用的主要食料，像香草类，就有薄荷、菊苣、迷迭香和鼠尾草等，还有蔬菜，比如甜菜。

云端畅想

云计算大大提升了我们在很多领域进行复杂研究的能力，并且随着这项技术的发展还将继续提升我们的能力。云计算应当可以缩小研发支出与这些经费和资源支出所带来可量化且有用的产出之间的巨大差距。建立在"根据需要"和"现收现付"基础上的计算资源和存储的互相分享将大大推动科研进展,以前需要花几年或几个月才能完成的,现在只需要几天或者几个小时就能做到。当然这也可以显著地减少研发花费,给全球合作带来更多机会并使之便捷可触,这一突破将使科研更加多产和有效。对大量信息的汇集并从中搜寻新数据信息以形成新的观点和关联性将有助于在医药研究、宏观经济学预测、可替代能源以及机器人学上取得重大突破。围绕云计算的把关和协调服务尚有缺失,但随着时间推移将会得以发展,这将能够用以管理用户权限、可靠性、安全性以及有效性。

2013 年的 Web 3.0

1997~2003 年,我们都醉心于 Web 1.0 所带来的连接。从 2003 年起,Web 1.0 的连接性被 Web 2.0 所带来的互动性和社交网络所代替,实现了从一对一到一对多的转变。到 2013 年,我们将能开始体验 Web 3.0 的成效,即以提高生产力(智能手机的应用将在我们的商业和个人生活上以今天难以想象的方式发挥作用)和技术为特征,例如全息技术、生物识别、纳米技术以及机器人技术,这些都将影响视频协作,实现更智能和更快的运算能力以及更广和更深的网页搜索能力,并能提升增强型数据管理、高级诊断并且实现更加可靠的沟通。

当我们展望未来,不能忘记过去,同时也不能忘记最有用的那些创新往往来自真正的新想法和观点。有些时候,一些最显而易见的创新和发明就在我们的眼皮底下,只要我们稍微花点时间瞥一眼就能发现它们。今天我们在旅行时广泛使用的滚轮行李箱,就是这样活生生的一个例子。无论是轮子还是布袋,人类都在几千年前就发明了,并且它们在不同的产业上以不同的方式被广泛运用,但是 20 世纪 70 年代和 80 年代的旅行家伯纳德·萨多(Bernard Sadow)和飞行员罗伯特·普拉斯(Robert Plath)正是因为有慧眼发现和发明头脑发明出了滚轮行李箱,起初主要用于航班机组人员,最终走进千家万户,成为那些度假和出差需要过夜的人们的必备之物。

最佳的智慧资产耕耘实践可以借助于今天你在公司里已经拥有的土地、工具、肥料和员工来实现。前提是,你得有眼光并愿意花时间将这些拼图片放在一起,真正赋予它们能力和资源来播种,并为之建立一定的组织结构和渠道来取得收获。

创新从一开始就是我们社会不可或缺的组成部分,也是美国宪章的核心部

IP 收获无形资产

分。美国过去最伟大的那些领导人对此有深刻见解——创新的未来根植于我们所有人的内心、我们的头脑、我们的精神以及我们的勇气之中。在追寻创造性和人类的进步之路上，我们努力拼搏去创建一个更美好世界。

  过去时代的那些平静信条，不适用于暴风骤雨式的现代社会了。此时此刻困难重重，让我们勇敢应对困难吧。我们面临的情况前所未有，所以我们必须有新思路、新动作。我们唯有释放自己，才能拯救我们的国家。

——亚伯拉罕·林肯（Abraham lincdn）

  一些人见物是物，追问何故？我却反道而行，思索为何不可？

——罗伯特·肯尼迪（Robert kenredy）

  这就是美国，她是无人穿越的沙漠，是不曾登顶的险峰。她是夜空中尚未触及的星星，是未犁荒土下沉睡的丰收。

——林登·贝恩斯·约翰逊（Lyndon B. Johnson）

附　录
许可资源、交易及中介机构名录

本附录包含一些额外的资源和组织机构，可能会对你的智慧资产运营提供帮助。

促进与知识产权相关的公平实践的组织机构：

＊ 世界知识产权组织（The World Intellectual Property Organization）（www.wipo.int）是联合国的一个专门机构。世界知识产权组织的主要目标之一是促进各成员国关于知识产权法律和实践的协调。WIPO 的另一个核心任务是帮助保护知识产权，允许成员国提交国际专利和商标申请，并且通过提供仲裁和调解为企业和个人解决知识产权纠纷。WIPO 有一个免费的在线数据库，允许用户检索 IP 数据。

＊ 国际商标协会（INTA）（www.inta.org）是一个致力于支持和促进商标及相关知识产权，并将其作为公平和有效的商业基础的非营利性会员协会。INTA 通过倡导有效和协调的国际商标法来维护其 5700 个会员单位的利益。INTA 网站提供商标法的检索资源和最新动态。

＊ 国际许可贸易工作者协会（LESI）（www.lesi.org）是一个从事技术转让和知识产权权利许可的专业组织，现有 32 个国家和地区分会。LESI 的会员超过 10000 多人，主要包括企业代表人、政府官员、律师、专利商标代理人，以及顾问。LESI 的宗旨是促使从事技术以及工业产权或知识产权转让和许可工作的人员达到专业水准。LESI 协助会员提高其许可贸易的能力和技术。LE-SI 赞助培训会议并出版有关许可的报告和文章。

＊ 美国知识产权法律协会（AIPLA）（www.aipla.org）是一个全国性的律师协会，主要由律师事务所、公司、政府部门和学术部门的律师组成。AIPLA 出版了许多有关知识产权法律信息的刊物。AIPLA 还积极参与制定美国的知识产权政策，并开始了一项全球性的活动，以降低购买和实施专利及商标的成本。

* 国家发明人欺诈投诉中心（NIFC）的目标是向消费者提供关于发明推广的信息，并指导发明人如何将创意市场化，而不成为某些不良公司的牺牲品，这些公司会销售发明人的产品，却没有给发明人带来任何收益。

* 加拿大国家研究委员会（NRC）（www.nrc-cnrc.gc.ca）是加拿大的政府组织。NRC 下属 20 多个研究机构和国家计划，在各个科学技术领域提供服务。NRC 寻求加拿大及全球的私人和公共部门组织发展伙伴关系，以创造技术和促进财富增长。

知识产权检索资源：

* 科学共同体（Community of Science）（www.cos.com）为个人研究者和高校提供会员资格。会员可以检索数据库以获得融资的机会，包括研究、奖学金和赞助。通过科学共同体，研究者可以为他们的项目找到合作者。科学共同体还可以帮助会员找到可以合作的企业并评估其研发项目。

* RefAware（www.refaware.com）是一个基于网页的服务，通过监控互联网，当网上公布相关信息后立即为会员提供同行评议和未涉及的资源的更新。用户可以创建不同的检索，以跟踪他们感兴趣领域的新发展。

在线许可交易：

注：许可交易作为连接许可人和被许可人的电子市场平台。一些网站还充当"离线"的许可经纪人、顾问以及交易者。

* iBridge 网站（www.ibridgenetwork.org）是考夫曼创新网络的一项非营利项目。iBridge 的会员允许用户检索大学的研究人员在 iBridge 网站公布的早期发明。

* 在线技术转让网站（www.techtransferonline.com）是一家在线交流平台，用户可以在此发布和检索知识产权。该网站还促进了知识产权的安全转让和许可。

* Priorip（www.prior-ip.com）是一个使用复杂的算法对集群创新和专利申请进行检索的工具。该数据库允许用户找到专利信息，然后很容易找到相关的专利。

* Yet2.com（www.yet2.com）提供在线资源，专利权人可以在此为可检索的数据库提供他们的专利。Yet2.com 还为会员提供了一个可以许可和转让专利的交易平台。

* Flintbox（www.flintbox.com）是一个为高校、企业、企业家和技术团体为自己的创新寻求合作者或者寻找想参与其中的创新的平台。

* Knowledge Express（www.knowledgeexpress.com）提供可订阅的数据库系统，其内容涵盖各种协议、企业概况、临床试验、研究、新药、药品销售、许可技术、专利和许可使用费率等。

专利经纪公司：

注：这些公司可以为销售智慧资产提供帮助。

* Ocean Tomo 公司的私营知识产权经纪业务（www.oceantomo.com）为知识产权交易提供咨询服务。

* ThinkFire（www.thinkfire.com）为愿意出售未充分利用专利或多余专利的专利权人提供帮助。

专利拍卖：

* ipauctions（www.ipauctions.com）是一个在线市场，将知识产权的所有权拍卖给出价最高的人。

* ICAP Ocean Tomo（www.icapoceantomo.com）可以在指定地点和指定时间进行知识产权现场拍卖。

直接许可公司：

注：这些公司将直接获得或资助你的知识产权，并寻求进行许可和/或自行实施。

* 阿卡西尔技术有限责任公司（Acacia Technologies LLC）（纳斯达克：ACTG）（http://acaciatechnologies.com）主要从事专利技术许可和实施业务。该公司通过给予客户一定比例的回报率而成为专利组合的权利人或者获得独占实施许可，并且能够行使这些智慧资产的权利。

* 通用专利公司（General Patent Corporation）（www.generalpatent.com）帮助被侵权但自己无法承担提起诉讼费用的专利权人对相关公司提起诉讼。通用专利公司是靠收取胜诉费来运行的。

研发许可公司：

注：这些公司主要集中在非常特定的行业，并从你这里得到知识产权许可，进行研发，然后将该知识产权纳入自己的产品和技术，然后他们再进行许可和销售。

* MOSAID 科技公司（MOSAID Technologies，Inc.）（拓尔思：MSD）（www.mosaid.com）是一家专注于半导体技术和通信技术的许可和开发的知识产权公司。MOSAID 科技公司的核心业务是半导体和通信领域专利的许可。MOSAID 科技公司的战略关键是通过授权合作和专利收购扩大其专利组合。

* Tessera 科技公司（Tessera Technologies，Inc.）（纳斯达克：TSRA）（www.tessera.com）许可和提供改变下一代电子器件的小型化技术的创新。Fessera 科技公司投资和发展这项技术。

专利和知识产权的买家：

注：这些公司直接从你手中购买知识产权。

* 高智公司（www.intellectualventures.com）采用了汇集各个技术领域中发明的创造、获取和许可的商业模式。高智公司通过许可、拆分、合资企业和行业合作伙伴关系来使发明创造商业化。

* （Allied Security Trust，AST）（www.alliedsecuritytrust.com）是特拉华州的法定信托，最初是由几个高科技公司为了低成本获得专利许可而组建的。该信托为公司提供了机会，使得公司可以通过分担专利许可费用来自由销售产品。该信托也为专利权人提供了新的机遇。

* RPX公司（www.rpxcorp.com）收购可能会对其成员实施诉讼的专利。RPX公司防御性专利聚合不要求成员参与收购，并且RPX公司不会去为购买的专利起诉他人。

融资拆分：

注：这些公司投资于开发知识产权的公司，这些知识产权已经由企业研究和设计部门创造出来，但不会继续开发。知识产权拆分公司的建立降低了知识产权开发的高额费用。

* 蓝图企业（Blueprint Ventures）（www.blueprintventures.com）是一家技术投资公司，专注于建立知识产权分立公司。

* （New Venture Partners NVP）（www.nvpllc.com）使用的商业模式，旨在通过建立分立的合资公司与全球商业化创新的技术公司来建立密切、长期的关系。NVP识别、开发和资助其客户的知识产权，以创建独立的公司，将技术从公司研发实验室转移到成功的分立公司之中。

成熟公司投资人/诉讼融资：

注：拥有强大知识产权成熟的公司可以从这些公司获得资金和/或诉讼融资。

* （Altitude Capital Partners，ACP）公司（www.altitudecp.com）投资于那些拥有自主知识产权的企业。ACP公司为了使基金资本有机增长、收购、进行战略性知识产权许可和诉讼行为，或便于给现有股东分配利益，而投资普通股、优先股、次级债或债务担保。

认为被侵权的专利权人可以从下列这些公司获得侵权诉讼资金：

* Rembrandt（www.rembrandtip.com）利用知识产权向公司、个人、大学、投资者提供资本和战略咨询，以对抗那些正在侵权的公司。

* NW专利基金公司（NW Patent Funding Corporation）（www.nwpatentfunding.com）与知识产权权利人对于未被使用或未被充分利用的知识产权合作创建新

的许可项目。NW 专利基金公司负责提供资金和进行管理，从许可项目获得的使用费在 NW 专利基金公司与知识产权权利人之间分配。

知识产权交易：

＊ 国际知识产权交易所（Intellectual Property Exchange International）（www.ipxi.com）提供了一个知识产权交易市场。知识产权权利人可以使用国际知识产权交易所来定价。国际知识产权交易所坚持不侵犯知识产权权利人权利的原则。该交易所使用领先企业知识产权权利人的采集数据以提供一个公平合理的知识产权价格。

译后记

本书的翻译出版，首先得益于原美国众达律师事务所合伙人、知名专利律师白建民先生对本书的推荐，在此深表谢意！

本书原著作者思维活跃、语言率性、跳跃性大，使得本书中文版的翻译难度非常之高。但是，本书翻译团队克服重重困难，在繁重的专利审查工作之余，花费了大量宝贵的时间和精力，对本书进行了认真细致、专业准确的翻译。其中，前言、第一章至第三章由汪晰翻译，第四章、第五章和第十章由曹丽丽翻译，第六章、第七章以及附录由刘波翻译，第八章和第九章由康德地翻译。全书译文由何越峰进行了校对和统稿。何越峰是本书翻译工作的组织者和领导者，在翻译风格、专业内容理解以及关键术语译文的确定等方面始终亲力亲为，发挥了不可替代的作用。

在本书译稿提交出版社之后，先后得到了李琳老师、卢海鹰、胡文彬和王瑞璞编辑的指导和帮助，在此一并表示感谢！

由于能力所限，本书的翻译肯定存在疏漏和偏差，期望尊敬的读者和业内专家能够不吝赐教和指正！

译者

2017 年 4 月

原著书评

有启示,有智慧,有激励。本书作为如今市场创新上最为引人入胜的书之一,安德鲁·J. 谢尔曼给我们提出了挑战,来重新思考公司战略。在如何真正地"收获"我们最重要的资产——智慧资产上,他提供了独到的见解。对21世纪的创新者来说,该书是一本不可错过的宪章。

——唐纳德·F. 库拉特科(Donald F. Kuratko),
布卢明顿的印第安纳大学凯利商学院
(The Kelley School of Business, Indiana University)
企业学教授、Jack M. Gill 教席成员

《收获无形资产》一书对美国的经济以及企业的未来来说,出现的正是时候。安德鲁直截了当而又鼓舞人心的"教你怎么做",对于需要高效增长和知识产权收获战略的企业主和企业家来说,这是一本必读书。

——凯伦·克里根(Karen Kerrigan),
小型企业和创业理事会(SBEC)主席兼首席执行官、
国际私营企业中心(CIPE)董事会主席

《收获无形资产》一书为你提供了一整套指导,教你通过利用自己的智慧资产来让生意得到增长。安德鲁·J. 谢尔曼是成长型公司的最好朋友,在把公司带到更高层次方面,他也是最为热情的顾问。从今天就开始阅读该书吧。

——布瑞恩·默然(Brian Moran),《华尔街时报》执行理事

《收获无形资产》一书为你在当今背景下和知识产权驱动的市场中如何创造价值和做大公司提供了战略路线图。该书中所展现出的思想不仅是崭新原创的,而且对于在这个竞争性的全球经济中竞争并壮大而言具有有效性与重要性。

——克里斯·朗利(Chris longley),
汤森路透(Thomson Reuters)高级副总裁

IP　收获无形资产

　　如果安德鲁·J. 谢尔曼生活在爱迪生的时代，他们显然会成为好朋友。作为谢尔曼所劝勉公司高层寻找和收获无形和未知资产的核心，那些战略方法都和爱迪生所信仰的相一致，也是爱迪生完成许多成就的动力。读一遍这本书，然后再读一遍。爱迪生会这样做的。

　　　　　　　　——约翰·基根（John Keegan），爱迪生创新基金会
　　　　　　　　　　　　　　　　　　　（The Edison Innovation Foundation）以及
　　　　　　　　查尔斯·爱迪生基金会（Charles Edison Fund）主席兼总裁

　　《收获无形资产》是一本及时的、富有洞察力的和光芒夺目的书。安德鲁·J. 谢尔曼审视了我们习以为常的战略角落，并用睿智和卓识的远见对我们提出了质疑。这是一本无法忽视的书。

　　　　　　　　——迈克·布鲁斯（Mike Bruce），InScope International
　　　　　　　　公司主席兼首席执行官

　　一本展望未来的缜密和富有洞察力的书。安德鲁·J. 谢尔曼给美国公司提供了系统的框架来重新获得这个国家建立时所依靠的创新和创造精神。美国未来的力量取决于对《收获无形资产》一书中关键原则的接受程度。

　　　　　　　　——唐娜·埃腾森（Donna Ettenson），小企业发展中心协会
　　　　　　　　（Association of Small Business Development Centers）运营副主席

　　增长专家和思想领袖安德鲁·J. 谢尔曼对其所宣扬的身体力行。在写作《收获无形资产》一书上，他充分利用了自己最有价值的无形资产——惊人的才智、旺盛的好奇心以及丰富的商业和法律经验——就如何在竞争激烈的全球市场上达到商业成功绘制一幅全面而又实用的路线图。

　　　　　　　　——休·考尼（Hugh Courtey），马里兰大学罗伯特·H. 史密斯商学院副院长

　　谢尔曼为收获知识产权这一对大多数公司和国家来说最为重要的资源，绘制了一幅全面的路线图。对每一名商业领袖和政策制定者来说，这都是一本必读书。

　　　　　　　　——维尼·哈尼什（Verne Harnish），Gazelles 公司首席执行官、
　　　　　　　　创业家组织创始人、《掌握洛克菲勒的习惯》
　　　　　　　　（Mastering the Rockefeller Habits）一书的作者

　　安德鲁·J. 谢尔曼的《收获无形资产》一书是一本充满智慧的指南，教

你发现你公司知识产权中隐藏的利润，这一点我发现尤为有意义。这本书给了你工具，去发现创造力、去收获用以确保成功的新创意、战略和最佳实践。安德鲁用一种他特有的方式——充满幽默分享了他的智慧，让你想知道更多。我强烈推荐阅读此书。

——帕内尔·布莱克（Parnell Black），工商管理硕士、注册会计师、注册估值分析师、全美注册分析师协会首席执行官

在一个地方就能够发现你所想要知道的关于一个主题的"所有事情"，这是非常罕见的。但是，如果你在寻找一本讲述公司将其知识产权和智慧资产资本化的各种各样方法的书的话，这本书正是你所需要的。《收获无形资产》应该是每个首席执行官的必读书。

——罗伯特·A. 斯特拉德（Robert A. Strade），创业家组织（Entrepreneurs' Organization）的常务董事兼首席执行官